Der Garten in Deinem Kopf

Ein praktischer Ansatz zum nachhaltig positiven

Sein und Denken

Falko Pfeuffer

Vorwort:

Liebe Leserin, lieber Leser,

dieses Buch soll als Hilfestellung dienen, weniger angespannt durch den Tag, die Woche und insgesamt durch das Leben zu gehen. Mit simpler und bildhafter Sprache erkläre ich ein paar grundsätzliche Funktionsweisen unseres Geistes, um dadurch die geeigneten Hebelpunkte aufzudecken, welche dabei helfen gewisse Glaubensgrundsätze umzukrempeln. Es geht darum, eine positive Grundeinstellung erdbebensicher zu zementieren, welche ja die Grundlage für ein schönes, erfülltes Leben ist. Es soll helfen, die Einstellung zum Leben zum Positiven zu verändern und dadurch leichter zu dem zu kommen, was wir wollen.
Wichtig bei allem ist doch die Geisteshaltung, das/der „Mindset“ wie die Engländer sagen, da dieses die Grundlage unseres Handelns ist und somit der Dinge, die uns am meisten widerfahren. Eigentlich geht es sogar über eine blosse Einstellung hinaus, habe ich festgestellt; es geht mehr um den Glaubensgrundsatz, dass wir alle es verdient haben, ein glückliches und erfülltes Leben zu führen. Das beginnt aber IMMER bei uns selbst im Kopf. Der und das einzige, was wir wirklich ändern können, sind wir selbst!

„Der Geist ist alles; Was Du denkst, das wirst Du!“

- Buddha -

Die kleine Stimme - unser Unterbewusstsein

Wer von uns hat nicht schon mal darüber nachgedacht, woher die kleine Stimme eigentlich kommt, die wir alle zwischendurch mal hören?

Üblicherweise hat diese einen gewissen „Arschlochcharakter“, da sie dazu tendiert, uns darauf hinzuweisen, dass etwas nicht so gut für uns ist, obwohl wir es doch eigentlich gerade total geil finden oder man vielleicht das eine oder andere besser bleiben lassen sollte, was man gerade in Begriff ist zu tun.

Dazu ist sie meistens auch noch so wertend, speziell mit ihren Kommentaren über die Mitmenschen um uns herum: „Welch ein Idiot.“ oder „Wieso ist der denn schon wieder so blöd?“ Sie hält uns durchaus auch mal den Spiegel vor und ist im Allgemeinen ein Spielverderber.

Nun, dieses Stimmchen ist letztlich nichts anderes als unser Unterbewusstsein, welches zum größten Teil unsere Handlungen und Glaubensgrundsätze prägt und anleitet.

Tatsache ist, dass nur die wenigsten Entscheidungen in unseren Köpfen von unserem bewussten Ich getroffen werden. Der gesamte Prozess vorher, bis zu dem Punkt der eigentlichen Entscheidung, läuft im Unterbewusstsein ab.

Ca. 90% von dem, was wir gestern gedacht haben, denken wir auch heute wieder.

Das kommt daher, dass wir angeleitet werden von diesem kleinen Stimmchen, welches wiederum geprägt wird von dem, was wir bewusst denken, sagen und an Input in uns aufnehmen.

Warum ich das hier erwähne? Hier beginnt alles in unserem Leben. Alles an Input, was wir den Tag über so in uns reinschütten - gewollt und ungewollt, landet ungefiltert auch in unserem Unterbewusstsein und nimmt so einen massiven Einfluss auf unsere Handlungen, unsere Gedanken und letztlich auf die Art und Weise, wie wir durch unser Leben gehen.

Bewusst gehen wir durchaus über einige Dinge hinweg, bzw. nehmen diese nicht wirklich wahr. Diese Fähigkeit hat unser Unterbewusstsein nur leider nicht. Letztlich ist dieses ein riesiger Datenrekorder, der alles aufnimmt und weiter verarbeitet.
Hierbei müssen wir dazu auch noch bedenken, dass das Männchen, welches denn unser Unterbewusstsein beackert, ziemlich stumpf und

simpel gestrickt ist, manches Mal geradezu kindlich naiv.

Es kennt keine Zukunft und keine Vergangenheit und noch viel schlimmer: es unterscheidet nicht zwischen Realität und Fiktion. Alles, was da ankommt, wird für bare Münze genommen und abgespeichert. Von da wird es dann zum geeigneten und aus unserer bewussten Sicht durchaus auch des Öfteren ungeeigneten Zeitpunkt wieder ausgespuckt, entweder als kleine Stimme direkt zugeflüstert oder aber auch einfach nur Einfluss nehmend auf unser Benehmen, unsere Reaktionen, unsere Sprache, unsere Laune.

Mal auf den Punkt gebracht, hier die grundsätzliche Funktionsweise unseres Unterbewusstseins, rudimentär einfach ausgedrückt:

1. Dein Unterbewusstsein ist immer AN und im Aufnahmemodus. Es schneidet alles mit, was Du hörst und sagst. Es nimmt sogar all das mit auf, was Du selber bewusst gar nicht mitbekommst. So funktionieren auch unterschwellige Botschaften; wenn Du z.B. bei eingeschaltetem Fernseher einschläfst, hört Dein Unterbewusstsein immer noch alles und nimmt alles auf.

2. Es ist ein gigantisches Aufnahmegerät. Es nimmt alle Erlebnisse und Erfahrungen Deines Lebens auf und speichert diese als mentale Filme oder Bilder im Verstand.

3. Dein Unterbewusstsein hört kein „Nein“ oder „Nicht“, da es hauptsächlich in Bildern arbeitet. Wenn Du Dir z.B. sagst: „Ich werde nicht mehr rauchen!“, ist das Bild in Deinem Kopf das einer Zigarette. Folglich denkst Du weiterhin ans Rauchen.

4. Es kann die Zukunft nicht begreifen. Dein Unterbewusstsein kennt nur das JETZT. Die Gegenwart ist alles, was existiert. Deswegen sollte man bei Zielen immer schon davon ausgehen, dass man sie erreicht hat. Ich hab mir nicht gedacht, dass ich rauchfrei sein werde, sondern dass ich es bereits bin. Erscheint im ersten Moment ein bisschen dämlich; wenn man jedoch die vorstehenden Funktionsweisen des Unterbewusstseins berücksichtigt, macht es durchaus Sinn.

5. Dein Unterbewusstsein kontrolliert 95% Deines Lebens. Es formt Deine Angewohnheiten, und der Mensch ist nun mal ein Gewohnheitstier. Den grössten Teil von dem, was Du heute gedacht und

gesagt hast, dachtest und sagtest Du auch gestern schon. Das heißt im Umkehrschluss, dass nur sehr wenig von dem, womit Du Dich beschäftigst, neu ist und Du Dich dementsprechend auch nicht geändert hast. Denn Dein bewusstes Ich hat tatsächlich nur einen sehr geringen Einfluss, solange Du Dich nicht bewusst darauf fokussierst, etwas gezielt zu ändern. Und selbst dann braucht es Durchhaltevermögen und Penetranz, bevor Dein Unterbewusstsein es dann endlich auch so sieht.

6. Dein Unterbewusstsein kennt nicht den Unterschied zwischen Vorstellung und einem tatsächlichen Event. Deswegen kriegst Du auch Angst und Putenpickel, wenn Du Dir einen Horrorfilm anschaust. Du weißt zwar, dass das nicht real ist, aber Dein Unterbewusstsein kann den Unterschied nicht ausmachen.

7. Wiederholung ist der Schlüssel! Sage oder denke etwas lange genug und oft genug, und Du wirst es glauben. Sogar, wenn es komplett falsch ist zu dem Zeitpunkt. Dazu später mehr.

Die gute Nachricht: Wir können durchaus Einfluss nehmen auf unser kleines Männchen, den kleinen Gärtner - wir nennen ihn ab jetzt der Einfachheit halber mal Günther, den Gärtner, oder einfach nur Günni - der da weit „hinten“ bei uns im Kopf sitzt. Und es ist tatsächlich sehr simpel.

Die schlechte Nachricht: Es ist keinesfalls einfach. Aber aus genau diesem Grund trage ich das hier ja mal zusammen. Eine kleine Bedienungsanleitung, wie wir aus dem grummeligen, muffigen, angespannten, nörgelndem Garten- und Landschaftsbauer da bei uns im Kopf einen freundlichen, gelösten, immer zu einem guten Spruch aufgelegten Gesellen machen können. Einer, der uns bei allem ansporn, unterstützt und anleitet und immer mit einem Lächeln zur Arbeit erscheint.

Gehirnwäsche 2.0

Gehirnwäsche klingt übel, und es hat einen ziemlich ekligen Effekt auf unser emotionales Bewusstsein, wenn wir dieses Wort nur hören oder denken. Gänsehautalarm!
Nun, es tut mir leid, Dir das jetzt sagen zu müssen: Wir alle bekommen jeden Tag aufs Neue eine Gehirnwäsche. Manche von uns eingestellt auf Buntwäsche, die meisten jedoch auf der Kochwäsche. Wir machen sogar noch freudestrahlend mit, ohne es so recht zu merken.

Noch mal: Alles an Input, was wir den lieben langen Tag so erfahren - und dazu zählt sogar das, was wir selber sagen und tun - landet ungefiltert in unserem Unterbewusstsein und gärt da vor sich hin.

Florence Scovel Shinn, eine Autorin aus dem 19. Jahrhundert, hat mal gesagt:

„Wenn Du Dein Unterbewusstsein nicht führst, tut es jemand anders für Dich!“

Deshalb musst Du die Kontrolle über den Waschgang, das Waschmittel und die Klamotten übernehmen. Sprich: wir müssen uns selber die Gehirnwäsche

verpassen. Ja, richtig gehört: Verpass Dir selber eine Gehirnwäsche!
Ansonsten tun es nämlich die Medien, verschiedene Religionen, Werbeagenturen und diverse andere um Dich herum. Deshalb werden jährlich Milliarden investiert in all diesen Bereichen.
Psychologen haben irgendwann mal herausgefunden, wie unser Unterbewusstsein funktioniert, und dadurch halt auch, wie man dieses nach Belieben penetrieren kann. Das klingt jetzt sicherlich so ein bisschen nach Orwell und an sich erschreckend. Es geht mir ja aber auch darum, uns das mal klar zu machen.

Jim Morrison hat dazu mal den Spruch gebracht:

„Wer immer die Medien kontrolliert, kontrolliert den Verstand!"

Und sobald man Kontrolle hat über den Verstand, hat man Kontrolle darüber, was der- oder diejenige erschafft.

Jetzt darfst Du Dir das nicht einfach als willenlose Roboter vorstellen. Es geht hierbei um die tiefsitzenden Glaubensgrundsätze und Angewohnheiten, die einen antreiben und ausmachen.

Es ist die grundsätzliche Ausrichtung unseres Tuns und Handelns sowie unserer Kommunikation mit der Umwelt. Hierbei gilt nun mal:

Steter Tropfen höhlt den Stein.

Und wenn der Tropfen von irgendwem oder irgendwas kommt, bestimmt der nun mal, wo und wie der Stein ausgehöhlt, sprich: wie er geformt wird. Und das wiederum beeinflusst dann ganz elementar, was Du anstrebst, wie Du Dich benimmst und wie Du mit Deiner Umwelt interagierst.

So etwas hat sogar die Macht, entsetzlich große Ausmaße anzunehmen. Als Beispiel sei die letzte Wirtschaftskrise genannt. Überall hörst und siehst (man meint es zumindest) Du, wie schlecht es unserer Wirtschaft geht. Nach genügend Input dieser Art ohne Gegenmaßnahmen beginnst Du, das zu glauben, und schon bist Du Teil des Problems; quasi eine sich selbst erfüllende Prophezeiung.
Auf der anderen Seite genügen aber einige wenige, welche sich ihre Umwelt bewusst anschauen und sich dagegen wehren, so etwas zu glauben. Das sind dann diejenigen, welche trotz der angeblichen Wirtschaftskrise Gewinne machen und fruchtbare Geschäfte tätigen.

Ich habe das selber erlebt, als ich zu dem Zeitpunkt in einer Firma angestellt war, in welcher sich der Chef dem Thema mehr oder weniger verweigert hat und dies seinen Leuten vorgelebt hat. „Das Leben ist das, was DU draus machst, und nicht, was andere versuchen, Dir als das zu erzählen, wie es sei!“ war so die Quintessenz seiner Einstellung. Trotz angeblich bedrohlicher Wirtschaftskrise wuchs das Unternehmen munter weiter.

Zuerst solltest Du deshalb mal mit einem großen Traktor und einem Pflug durch Günni´s kleinen Garten fahren und mal wieder richtig sauber machen. Das klingt radikal, aber genauso musst Du auch vorgehen, denn ansonsten klappt es nicht. Günni ist und bleibt ein Dickkopf sondergleichen, und den beeindruckt man nicht mit Wattebäuschchen und einem Staubwedel.

Hier mal Schritt für Schritt, wie Du vorgehen kannst:

1. Nimm Dir einen Stift und ein Stück Papier und schreib auf, was und wer Du sein willst. Dies ist wahrscheinlich die schwierigste Übung von allen, denn hierbei muss man sich darüber schon ziemlich im Klaren sein, was heutzutage wohl die wenigsten von sich behaupten können. Aber gerade das ist das Wichtige an dieser Übung;

mach' Dir absolut klar, was Du vom Leben erwartest und was Du erreichen willst. Wer willst Du sein? Wie willst Du gesehen werden von Deinen Mitmenschen? Was sind Deine Ziele und Träume? Wenn Du die Antworten auf diese Fragen kennst, schreib sie auf; mit allen Details bis ins letzte ausgeschmückt und kristallklar beschrieben. Mach Dir die Mühe, mal ernsthaft darüber nachzudenken, was denn wirklich Deine Ziele sind im Leben und wohin Du eigentlich willst. Nicht morgen, nicht nächste Woche, sondern insgesamt, wo die Reise eigentlich hingehen soll. Verliere Dich dabei aber bloß nicht in „Mittel zum Zweck" Zielen. Wichtig hierbei ist, dass es finale Ziele sind, Ziele, die Deine persönliche Entwicklung betreffen. Du musst den Fokus auf Dein persönliches Wachstum legen.

2. Beginne damit, Dir diese Ziele und Träume, die Du Dir im ersten Schritt formuliert hast, als bereits erreicht und real vorzustellen. Mal Dir aus, wie es sich anfühlt, wie es aussieht, riecht oder auch wie die Menschen um Euch herum darauf reagieren und mit Dir umgehen. Tu' so, als ob es schon real ist. Erinnere Dich: Günni unterscheidet nicht zwischen Realität und Einbildung. Es geht hierbei darum, dem kleinen Kerl gute Laune zu verpassen und was wäre da besser, als wenn er annimmt,

> dass er das beste Leben führt, das man sich wünschen kann. Er hat ja keine Fenster da hinten tief im Kopf und kann deswegen auch nicht mitbekommen, dass es vielleicht gar nicht so ist. Mach das mindestens einmal am Tag. Gönn' Dir die fünf Minuten, einmal am Tag den Zettel rauszuholen und zu lesen und Dir dabei vorzustellen, wie sich dieses Wunschleben anfühlt; Augen zu und abtauchen in die Traumwelt und aufpassen, dass Du Dir vorstellst, dass es schon so ist. Lass Dich auch nicht davon abbringen, wenn Günni anfängt, Einwürfe zu bringen wie: „Das klappt doch sowieso nicht!" oder „Wo soll denn das plötzlich herkommen?". Genau darum geht es nämlich bei dieser Übung; einfach mal die Zweifelei bleibenlassen.

Henry Ford hat das übrigens mal sehr schön auf den Punkt gebracht:

„Ob Du nun denkst, Du kannst es oder Du kannst es nicht, DU HAST RECHT!"

Heißt also, wenn Du Dich Gedanken hingibst, dass es sowieso nicht klappen kann oder dass Du es nicht schaffen kannst, dann ist sowieso schon alles zum

Scheitern verurteilt. Dann kann es wirklich nicht mehr klappen.

3. Pass auf, was Du Dir im Fernsehen anschaust. Wähle mit Bedacht und wähle nur Themen, welche positiv sind und irgendwie zu Deinen Zielen passen. Immer dran denken, Günni hört zu, egal was gesagt wird, und er nimmt alles für bare Münze. Er ist halt ziemlich naiv und simpel gestrickt - unheimlich leicht zu beeinflussen der Gute. Deshalb willst Du Ihm den richtigen Einfluss geben. Leichter gesagt als getan, ich weiß. Aber ich hatte ja schon eingangs erwähnt, dass es nicht einfach wird. Nur simpel. Weiterhin, hör auf Nachrichten zu gucken, zu hören und zu lesen! Mal ganz unter uns; was nützt das? Wir füllen unseren Verstand mit Anschlägen, Mord, Katastrophen, Unwettern, Streiks, Flugzeugabstürzen, Epidemien, Totschlag und so weiter und so fort. Letztlich werden die Nachrichten von negativen Dingen regiert, an denen wir sowieso nichts ändern können. Es macht keinerlei Unterschied, ob wir jetzt wissen, dass in Hamburg irgendein Idiot mit einem Messer in einen Supermarkt gestürmt ist und Leute niedergemetzelt hat, oder ob wir es nicht wissen, AUSSER, dass, wenn wir es verfolgen, es negativen Einfluss auf Günni und sein eher

kindliches Gemüt hat. Der arme Kerl sitzt da und alles, was er mitbekommt, ist dass die Welt um Ihn herum aus Mord und Totschlag besteht. Warum soll man sich das antun? Ich persönlich habe schon länger damit aufgehört und habe dadurch noch absolut nichts verpasst. Im Gegenteil, für mich besteht die Welt aus den Geschehnissen in meiner unmittelbaren Umgebung, auf die ich Einfluss nehmen kann. Und das Ganze mit einer positiven Grundhaltung und nicht dem Gedanken, dass die Welt ja eigentlich ein schrecklicher Ort ist. Genau das ist nämlich Günni´s Meinung, wenn er mal wieder die Nachrichten gehört hat. Im schlimmsten Fall zieht er sogar den Schluss, dass es eigentlich den Aufwand nicht wert ist, denn er könnte ja morgen im falschen Supermarkt zur falschen Zeit sein. Ja und? Wenn dem so ist, ist dem so, ob ich die Nachrichten jetzt geguckt habe oder nicht. Der Unterschied ist, ob ich mir Gedanken darüber gemacht habe oder nicht. Also, ob ich meine Lebenszeit mit dem Gedanken daran verbracht habe, dass ich morgen im Supermarkt abgestochen werden könnte - welch ein schauerlicher Gedanke - oder aber in dieser Zeit mir vorgestellt habe, wie gut es mir eigentlich jetzt gerade geht und wie schön mein Leben ist. Alle Informationen, die Du meinst eventuell zu verpassen, kannst Du Dir auch direkt besorgen, meistens sogar noch viel gehaltvoller und weniger weichgespült als aus den Nachrichten. Und wenn Du das nächste Mal nicht mitreden kannst, wenn sich Leute über den letzten Anschlag unterhalten, freu Dich, denn das heißt, Du hast Deine Zeit mit was Besserem verbracht als mit negativem Input, an dem Du sowieso nichts ändern kannst.

4. Jetzt wird es ein bisschen komisch, aber bitte bleib bei mir. Es wird alles einen Sinn ergeben. Denk Dir ein kurzes aber intensives „Mantra“ aus, welches zu Deinen Träumen und Zielen passt. Es sollte unbedingt mit den Worten „Ich bin“ oder „Ich habe“ beginnen und im Präsenz formuliert sein. Warum das so wichtig ist, erkläre ich ein wenig später noch mal genau. Dieses Mantra sagst Du Dir einmal am Tag immer und immer wieder auf. Drei Minuten reichen schon. Nach kurzer Zeit werden Bilder, die dazu passen in Deinem Kopf entstehen, und die dazu passenden Gefühle werden sich auch einstellen. Es ist tatsächlich eine Art der Meditation. Auch hier geht es wieder darum, dass Günni gute Laune bekommt. Und wenn der gut drauf ist, dann bist Du es auch. Nachhaltig. Diese Übung müsst Du für mindestens 21 Tage bewusst durchführen.

5. Optional kannst Du sogar noch einen Schritt weitergehen und, während Du schläfst, im Hintergrund eine Schleife laufen lassen mit weiteren Aussagen, die zu Deinen Zielen und Träumen passen. Hauptsache, sie fangen alle an mit „Ich bin“ oder „Ich habe“. Das Ganze als MP3 oder so mit ruhiger aber bestimmter Stimme aufgenommen und über Nacht abgespielt. Im Schlaf ist unser Günni am leichtesten zu beeinflussen. Schließlich quatschen wir ihm während dieser Zeit nicht bewusst dazwischen.

6. Fang an, über Deine Ziele und Träume zu sprechen, als ob sie schon Realität wären. Ja, das klingt merkwürdig und bedarf einer gewissen Überwindung. Aber glaub mir, es wirkt wahre Wunder. Sicherlich solltest Du hierbei schon ein bisschen aufpassen, mit wem Du über was sprichst. Sprich mit Deinen Freunden oder Liebsten so über die Themen, als wenn sie schon da wären.

7. Wiederholung, Wiederholung, Wiederholung! Neue Angewohnheiten und Glaubensgrundsätze werden durch Wiederholung im Unterbewusstsein verankert und werden so zum Einfluss auf unser tägliches Leben. Günni muss es oft genug hören, damit er es glaubt, in seinem kleinen Garten

anbaut und abspeichert. Was der Bauer nicht kennt, das frisst er nicht! Im statistischen Mittel braucht es hierzu 21 Tage.

Das Gesetz vom Säen und Ernten

Ich hab da mal eine Theorie für Dich. Vom Ding her wird unsere Welt, unser Universum ja durch diverse Gesetze regiert. Physikalische ebenso wie spirituelle, die eher schwierig zu erklären, aber dennoch irgendwie präsent sind.
Ich meine, sogar Albert Einstein hat mal gesagt:

> **„Jeder, der sich ernsthaft mit der Wissenschaft beschäftig, gelangt zu der Überzeugung, dass sich in den Gesetzen des Universums ein Geist manifestiert - ein Geist, der dem des Menschen weit überlegen ist.**“

Heißt für mich, dass hier Regeln am Werk sind, die wir zwar nicht verstehen, aber die dennoch unumstößlich gelten.

Das ist jetzt ein sehr simpler Ansatz, weswegen die meisten ihn wahrscheinlich abtun, gerade weil er so simpel ist. Merkwürdigerweise vertrauen die meisten eher den komplexen, komplizierten Dingen. Dabei ist doch gerade in den simplen Dingen oftmals die meiste Schönheit und Freude verborgen. So auch in der folgenden Theorie, die nichts anderes besagt, als dass wir alles, was wir als Gedanken in unseren Geist pflanzen, auch irgendwann in der realen Welt manifestieren können.

Nehmen wir also mal an, Dein Verstand, Dein Geist ist ein Garten. Im Detail gedacht könnten wir jetzt sagen, Dein Unterbewusstsein ist der Boden, Deine Gedanken sind die Samen, Deine Handlungen sind das Wasser und Deine Gefühle sind die Sonne.

Jetzt nimmst Du Dir einen Gedanken, ähnlich wie man sich einen Samen für einen - sagen wir mal - Apfelbaum nehmen und diesen in den Boden pflanzen würde. Du wässerst ihn und pflegst und hegst ihn, und mit der Zeit, der Sonne und der entsprechenden Sorgfalt wächst schon bald ein schöner Baum heran, von dem Du dann auch ernten kannst, wenn die Zeit reif ist.

Das gleiche gilt für Dein Leben. Noch mal; Dein Geist ist das fruchtbare Land, Deine Gedanken sind die Samen, Deine Handlungen und Aktionen sind das Wasser und Deine Gefühle sind letztlich vergleichbar mit dem Sonnenlicht. Schlechte Gefühle: gleich Dunkelheit; gute Gefühle: gleich strahlender warmer Sonnenschein.

Energie fließt dorthin, wohin auch die Aufmerksamkeit gerichtet ist. Vom Grundsatz her, darfst Du nicht erwarten, dass, wenn Du Dich mit negativen Dingen beschäftigst, Dir positive Dinge widerfahren. Du kannst nicht Orangenbäume pflanzen und Äpfel erwarten.

Ebenso funktioniert es nicht, auf Misserfolgen herum zu kauen und dann erfolgreiche Resultate zu erwarten. Wenn Du andauernd über die Dinge nachdenkst, die Du NICHT willst oder die NICHT passieren sollen, dann säst Du aber genau diesen Samen in Deinem Geist. Und nach dem Gesetz vom Säen und Ernten, wird auch das dann wachsen und gedeihen.
Letztlich ist das Ganze auch wieder nur eine Übung, um unsere Grundeinstellung positiv auszurichten. Denn das ist die Grundvoraussetzung dafür, dass Du glücklich und erfüllt durch Dein Leben gehen kannst. Halte Dir immer vor Augen, das Du von dem, worauf Du Deine Aufmerksamkeit richtest, letztlich mehr bekommst. Du wirst, worüber Du nachdenkst. Einfach ausgedrückt:

„Davon, worauf Du Deinen Fokus richtest, bekommst Du mehr!"

Deshalb, beschäftige Dich mit positiven Dingen, Gedanken und Themen. Sehr bewusst und mit aller Anstrengung. Ich garantiere Dir, dass Deine Umwelt schon sehr bald anfängt, darauf zu reagieren, und ebenfalls positiver erscheinen wird. Du wirst beginnen, Menschen und Möglichkeiten zu treffen, welche Du vorher gar nicht wahrgenommen hättest und die Dich auf Deinem Weg voran bringen. Jetzt darfst Du natürlich nicht erwarten, dass das über Nacht funktioniert, denn für alles gibt es die richtige Zeit. Unser Apfelbaum wird auch nicht über Nacht groß und trägt plötzlich Früchte.

Es braucht Pflege, Geduld und Zeit, bevor es soweit ist. Genauso ist es mit dem Garten in Deinem Kopf. Dieser muss auch erst kultiviert, gepflegt und beackert werden, bevor Du hier etwas ernten kannst. Einige Dinge werden relativ schnell Früchte tragen, vielleicht innerhalb von Monaten oder sogar Wochen. Andere Dinge werden jedoch auch durchaus mal Jahre brauchen, bevor Du diese endlich „ernten" kannst. Man kann den Prozess nicht beschleunigen.

Dafür wächst man selber bereits an dem Prozess und entwickelt sich dadurch weiter. Und wenn Du es richtig betreibst, immer weiter ins Positive. Wenn die Samen erst einmal gepflanzt sind und zu wachsen beginnen, sprich die Gedanken erst einmal tief genug ins Unterbewusstsein eingedrungen sind, folgen auch bald die entsprechenden Handlungen. Du wirst Dich nahezu gezwungen fühlen etwas zu tun, das sich mit den Gedanken deckt. Gedanken gehen nun mal immer den Handlungen voraus. Ob nun unbewusst oder bewusst.

Um das Bild rund zu machen, müssen wir jetzt auch noch Unkraut betrachten. Bei dem Vergleich des Geistes mit einem Garten darf das natürlich nicht fehlen. Diese fiesen kleinen Kräuter, die es immer wieder schaffen, plötzlich aufzutauchen und dem, was wir mit Absicht gesät haben, die Kraft und Nahrung klauen. Genauso ist es mit Deinen Gedanken. Die negativen sind das Unkraut, und irgendwie sind sie immer wieder plötzlich da. Deshalb, wende Dich regelmäßig deinem Garten zu und entferne das Unkraut samt der Wurzel. Bekämpfe die negativen Gedanken aktiv. Das Problem mit dem Unkraut ist nun mal, dass es ohne Pflege und Zuwendung wächst und gedeiht. Das liegt wahrscheinlich auch mit daran, dass unsere Welt irgendwie besessen ist von Drama und negativen Dingen, negativer Energie halt. Unser kleiner Gärtner ist nun mal leider sehr empfänglich dafür.
Ein erfolgreicher Gärtner verbringt sehr viel Zeit damit, seinen Garten zu pflegen, zu kultivieren und sauber zu halten. Betreibe dies ebenso mit Deinem Geist, Deinen Gedanken. Das Leben ist ein konstantes Säen und Ernten. Was Du gibst, das bekommst Du. Die Energie, die Du ausstrahlst, erfährst Du

wiederum. So wie Du andere behandelst, so wirst Du am Ende auch behandelt werden. Was Du über andere sagst, wird auch über Dich gesagt werden. Florence Scovel Shinn hat auch dies mal sehr schön formuliert:

„Das Spiel des Lebens ist das Spiel der Bumerange. Unsere Gedanken, Taten und Worte kommen früher oder später zu uns zurück, und zwar mit erstaunlicher Akkuranz.“

Halte Dir immer vor Augen: Dein Geist ist fruchtbares Land und Deine Gedanken sind Samen. Dein Geist schert sich nicht, was Du pflanzt. Er wird einfach immer entsprechende Ergebnisse liefern. Es liegt ganz an Dir, ob diese Ergebnisse Früchte sind oder Unkraut, denn Du wirst immer ernten, was Du säst.

Die 3 „Krankheiten“ des Geistes

Jetzt habe ich viel darüber gesprochen, was wir tun können, um leichter und positiver durch unser Leben zu gehen. Deshalb möchte ich hier mal kurz darauf eingehen, was wir auf jeden Fall bleiben lassen sollten. Es gibt nämlich durchaus ein paar Dinge, die jeglichen sonstigen Ansatz sofort zunichtemachen und die ich deshalb als die Krankheiten, die Viren, den Krebs für unsere Gedankenwelt bezeichne. Es beginnt noch recht harmlos, was nicht heißt, dass dies nicht auch schon ein Killer ist.

Übervorsicht

Manche Menschen werden in ihrem Leben nie viel erreichen aus dem einfachen Grund, weil sie zu vorsichtig sind. Man kann sicherlich auch zu rücksichtslos sein, aber besonders zu vorsichtig. Meine Vorsicht war und ist schon immer das Risiko. „Was, wenn dies passiert, oder jenes?“. Oder: „Stell Dir vor, das passiert und dann auch noch jenes dazu. Schau Dir das Desaster an. Das lass ich besser mal gleich bleiben.“

Ich habe dann aber irgendwann mal für mich was rausgefunden: Im Endeffekt ist doch alles riskant. In dem Moment, wo Du geboren wurdest, begann das

Risiko. Wenn Du nun denkst, es auszuprobieren ist riskant, warte, bis Du die Rechnung fürs NICHT Probieren bekommst. Alles ist riskant. Über die Straße gehen ist riskant. Autofahren ist riskant. Heiraten ist riskant. Kinder kriegen ist riskant.
Ich sag Dir mal, wie riskant das Leben ist: Du wirst es nicht überleben! Das ist riskant, oder? Heißt doch, dass wir versuchen sollten, dass es sich lohnt.

Jetzt gibt es sicherlich diejenigen, die es gerne sicher, warm und kuschelig haben. Ok, dann roll Dich in einer Ecke ein, und wir bringen Dir ´ne Decke und drei Mahlzeiten am Tag. Wir werden Dich hegen und pflegen, füttern, beschützen und nichts an Dich herankommen lassen. Wahrscheinlich wirst Du über hundert Jahre alt!
Dann sagen diese Leute aber auch, sicherlich würde ich gerne über hundert werden, aber was ist das denn für ein Leben? Richtig, was soll das denn für ein Leben sein? Frag nicht nach Sicherheit, frag nach Abenteuer. Übertrieben gesagt ist es doch besser, 30 Jahre voller Abenteuer zu leben als 100 Jahre in der Ecke unter der Decke. Es ist weniger wichtig, wie lange man lebt, es ist viel wichtiger, WIE man lebt! Mach was aus Deinem Leben. Es gibt doch nichts Schlimmeres als eines Morgens aufzuwachen und sich zu sagen: „Hätte ich doch bloß!“ Geh Risiken ein im Leben. Wenn Du es schaffst, bist Du glücklich.

Wenn Du es nicht schaffst, bist Du auf jeden Fall weiser als vorher. Am Ende bereust Du nämlich nur die Chancen, die Du NICHT ergriffen hast.

Die nächste Krankheit ist schon fieser und hat deutlich direkteren Einfluss auf unser Leben und dessen Umstände.

Pessimismus

Pessimismus ist die tödliche Krankheit, immer nur die Probleme, die Schwierigkeiten zu sehen und Gründe zu finden, warum es nicht funktionieren kann. Der arme Pessimist lebt eigentlich ein schauerliches Leben.
Er versucht nicht herauszufinden, was richtig ist, sondern, was falsch ist. Er sucht nicht nach Tugend, sondern nach Fehlern. Und wenn er sie findet, freut er sich auch noch diebisch. Igitt wie furchtbar! Der arme Kerl guckt durchs Fenster und sieht nicht den wunderschönen Sonnenaufgang, sondern die Flecken auf der Scheibe. Er sagt, dass er fünf gute Gründe hat, warum es nicht funktioniert. Der ist so dämlich, dass er noch nicht mal rafft, dass er nur einen braucht.
Winston Churchill hat auch das mal sehr gut auf den Punkt gebracht:

**„Ein Pessimist sieht in jeder Gelegenheit die Schwierigkeit;
ein Optimist sieht in jeder Schwierigkeit eine Gelegenheit.“**

Es kommt halt immer darauf an, wie man die Dinge sieht, betrachtet und wahrnimmt. Zum Glück kannst Du Dir das aussuchen. Dein Leben ist zumeist beeinflusst durch die Art, wie Du meinst, dass die Dinge sind. Nicht, wie sie tatsächlich sind. Wie Du meinst dass die Dinge sind, beeinflusst Dich am meisten. Arme Denkmuster lassen die meisten Leute arm bleiben, nicht arme Arbeitsmuster. Die meisten Leute arbeiten hart, aber sie denken nicht hart. Der Geist ist ein Garten, und das was Du den ganzen Tag denkst, findet dort jederzeit fruchtbaren Boden. Und das wiederum macht dann die Zutaten zu Deinem Leben aus.

Es gab eine Zeit, da habe ich den Tag mit den Nachrichten begonnen. Tässchen Kaffee und dann mal her mit den ganzen schlechten Nachrichten. Erst mal aufladen mit den ganzen Aufständen, Morden, Anschlägen, Katastrophen, Überfällen und Tragödien und dann in den Tag starten. Was meinst Du wohl, wie meine Tage waren.
Kannst Du Dir vorstellen, jeden Tag solch einen Müll in Deinen Garten zu kippen und dann als Resultat ein

reiches, erfülltes, positives und dynamisches Leben zu haben? Passt irgendwie nicht. Da kann man auch versuchen, einen Kuchen mit Zement zu backen. Alles, was man erschaffen will, braucht Zutaten (Gedanken), und zwar die richtigen. Es ist simpel, aber nicht immer einfach. Alles beginnt im Kopf und braucht Sorgfalt und eine gewisse Bedachtheit. Sei weise und bedacht, was Du in Deinen Kopf lässt.

Beispielhaft hierzu mal folgendes Szenario:

Stell Dir mal vor, Du hast einen Kaffee und jemand tut Zucker rein.
Resultat: Der Kaffee ist süß.

Jetzt tut derjenige Gift rein.
Resultat: Du bist tot.

Lektion eins: Das Leben ist beides, Zucker als auch Gift. Sei vorsichtig!

Jetzt stell Dir vor, Dein schlimmster Feind tut Dir Zucker in den Kaffee.
Resultat ist immer noch: Kaffee süß.

Und wenn Dir Dein bester Freund, einfach nur aus Versehen, Gift in den Kaffee tut?

Resultat: gleich tot.

Lektion zwei: Pass verdammt noch eins auf Deinen Kaffee auf!

Was ich damit sagen will, ist, dass es nicht wichtig ist, von wem die schlechten Dinge kommen. Sie richten so oder so Schaden an.

Es ist unglaublich wichtig, dass Du jeden Tag Wache hältst an dem Eingang zu Deinem mentalen Garten. Nicht, dass da jemand Unkraut reinwirft oder auch nur ein Löwenzahn rein weht. Du entscheidest, was angebaut wird, und nicht jemand anders. Denn Du musst am Ende des Tages immer mit dem Resultat leben und nicht jemand anders.

Und jetzt zur letzten und auch gefährlichsten Krankheit der Gedanken. Quasi dem Krebs. Damit kann man sich eigentlich gleich in die Kiste legen.

Beschweren

Jammern, weinen, klagen, quengeln, plärren, sich beschweren halt. Wenn Du Dich dem ergibst kannst Du Deine Zukunft gleich vergessen, denn dann hat sie Dich schon vergessen. Verbringe 5 Minuten damit,

Dich zu beschweren, und Du hast fünf Minuten Deines Lebens brutal verschwendet.

Ich bin nicht besonders bibelfest, aber eine Geschichte ist mir durchaus im Gedächtnis geblieben, und die passt ganz gut hierzu und zeigt, was für Auswirkungen beschweren haben kann. Erinnerst Du Dich auch an die Geschichte des Auszugs der Kinder Israels aus
Ägypten? Die Geschichte erzählt, sie waren Sklaven. Der liebe Gott ließ ein paar Wunder geschehen und holte sie da raus. Und schon waren sie unterwegs ins Heilige Land. Tragödie der Geschichte: viele von ihnen sind nie angekommen.

Der Grund: vom ersten Tag an haben sie sich beschwert. Sie haben gejammert über das Wasser, sie nörgelten über das Wetter, sie weinten und quengelten über das Essen. Sie beschwerten sich über die Führung. Sie jammerten, weil es zu heiß war, zu kalt, zu schwierig, zu weit, zu anstrengend. Und so jammerten und nörgelten und quengelten sie die ganze Zeit.

Irgendwann sagte der liebe Gott: „Das wars jetzt, mir reicht es, Trip abgeblasen!“ Oder so ähnlich halt.

Die Moral der Geschichte? Gib Dich nur lange genug dem Jammern und Nörgeln und Beschweren hin, und Deine Zukunft wird auch abgeblasen.

Nutze diese Energie lieber sinnvoller und für Positives. Geh Unkraut jäten! Um bei unserem bisherigen Vergleich zu bleiben, stell Dir vor, dass Günni den ganzen Tag nur Gejammer und Genörgel von Dir hört. Irgendwann setzt er sich halt auf einen Stuhl im Garten, schlägt die Bildzeitung auf und scheißt drauf was da so an Unkraut wächst, oder gießt es gar noch. Verschwende keine Zeit damit, Dich über Dinge, Situationen oder Menschen zu ärgern, an denen Du sowieso nichts ändern kannst. Lass Die Nörgler die Nörgler sein und die Skeptiker die Skeptiker und die Meckerer die Meckerer. Sieh es als deren Job an. Lass Sie einfach an Dir vorbeiziehen und freu Dich, dass Du nicht so bist! Vor allem, mach Dir immer klar, dass, wenn Du mit dem Finger auf etwas oder jemanden zeigst und die Ursache für Deine Situation dort, wo Du hinzeigst, siehst, gibst Du damit auch Verantwortung über Dein Leben genau dorthin. Oder erwartest Du ernsthaft, dass die anderen sich ändern sollen, damit es Dir besser geht?

Denk immer daran, der und das einzige, worüber Du Macht hast es zu ändern, bist Du selbst!

Barack Obama hat dies mal sehr schön formuliert:

„Veränderung wird nicht kommen, wenn wir auf jemanden warten oder wir auf den richtigen Zeitpunkt warten. Wir selbst sind diejenigen, auf die wir warten. Wir sind die Veränderung, nach der wir suchen.“

Alles ist positiv

Das vorhergehende ist sicherlich auch mal wieder einfacher gesagt als getan, aber ich glaube ich hab auch schon mehrfach gesagt, dass es nicht einfach wird. Nur simpel.

Man verfällt halt nur zu gerne in ein bisschen Nörgelei und Meckerei. Es ist ja auch so einfach. Aber gerade deshalb ist es so wichtig, dass man sich nach Leibeskräften bemüht, die Dinge so positiv wie möglich zu sehen.

Egal wie beschissen die Situation auch ist, gib Ihr einen POSITIV Aufkleber. Nimm dem Günni alle seine Schilder weg, auf denen in großen Buchstaben „UNKRAUT“ steht und darunter auch noch ordentlich aufgeführt die lateinische Bezeichnung. Er darf nur welche mit „Früchte“ oder „Gemüse“ und Ähnlichem haben, damit er gar nichts anderes mehr verwenden kann.

Negative Energie, negative Ausstrahlung zieht mehr Negatives an. Aber das kannst Du jederzeit ändern. Du musst nur aus diesem Kreislauf ausbrechen.

Wenn also eine Situation sich nicht so entwickelt wie Du es erwartest, sieh es immer noch als positive

Erfahrung an. Glaube und erwarte, dass daraus dennoch etwas Gutes erwachsen wird. Manche nennen es das universelle Gesetz der Erwartung: Das, was Du erwartest, von dem Du annimmst, dass es passiert, hat eine deutlich höhere Wahrscheinlichkeit, tatsächlich zu geschehen, als das Gegenteil.

Wenn Du morgens schon zehn Minuten zu spät zum wichtigen Termin loskommst und dann die ganze Zeit daran denkst, dass da bestimmt gleich ein Stau kommt, dann kannst Du Dich mit ziemlicher Sicherheit darauf verlassen, dass Du zu spät kommen wirst. Andersherum wäre es besser sich die ganze Zeit vorzustellen, wie man sauber durch den Verkehr fließt und genau zur richtigen Zeit entspannt durch die Tür marschiert.

Gib den Situationen, auch wenn sie Dir wie negative erscheinen, einen positiven Anstrich. Letztlich kann man doch aus nahezu jeder Situation etwas für sich mitnehmen. Probiere es aus, sei für alles dankbar, was passiert, und freue Dich auf das Gute, das daraus erwachsen wird.

Ja, mal wieder simpel, aber nicht einfach. Aber ich verspreche Dir, wenn Du das durchhältst und die ganze Zeit eine positive Ausstrahlung verbreitest, wird am Ende immer alles gut.

Was dabei auch ganz gut hilft, ist, Deinen Fokus bewusst zu setzen. Wenn die Situation mal wieder Grütze ist, denk nicht die ganze Zeit drauf rum. Zwinge Deinen Geist eher, über das gewünschte Ergebnis nachzudenken. Mach Dir keine Gedanken über die Hürden und Schwierigkeiten die auf dem Weg dorthin sein könnten. Sei kein Pessimist!

Ist der wichtige Termin z.B. ein Vorstellungsgespräch, denke nicht daran, dass Du zu spät kommst, sondern stell Dir lieber vor, wie das Gespräch total genial läuft und Du den Job bekommst. Achte darauf, dass Günni Dir nicht dazwischen quatscht und versucht, Dir alles aufzuzählen, was schief gehen kann. Er ist leider ein Berufspessimist. Lass Dich nicht darauf ein. Fokussiere Deine Gedanken auf das gewünschte Ergebnis, denn von dem, worauf Du Deinen Fokus richtest, davon bekommst Du mehr!

Und täglich grüßt das Murmeltier

Ich geh mal davon aus, dass Du zwischendurch schon mal irritiert, wenn nicht sogar ein wenig genervt darüber warst, dass ich mich ständig wiederhole. Aber da Du bis hierhin gekommen bist, hat dies Dich offensichtlich nicht vom Weiterlesen abgehalten, sondern eher die Neugier geschürt, ob da nicht noch was kommt.

TADAH, hier kommt es jetzt! Die Überschrift wird den meisten nichts sagen, aber sie ist der Titel eines Films aus den Neunzigern. Für diejenigen, welche ihn nicht gesehen haben: es geht darin um einen Kerl (Bill Murray), der in immer dem gleichen Tag gefangen ist. Egal was er tut, selbst wenn er sich umbringt, er wacht jeden Morgen wieder im gleichen Tag auf. Anfänglich ist er ein echter Miesepeter, um nicht zu sagen ein Arsch, wie er im Buche steht. Im Laufe der Tage jedoch besinnt er sich so langsam und beginnt, (sich) etwas aus sich zu machen. Die Moral von der Geschichte ist, dass man sich nur durch stetige Bemühung und Wiederholung verändert. Dies braucht Durchhaltevermögen.

Wiederholung sorgt dafür, dass sich Dinge einbrennen, bis hin zum Glauben. Wenn Dir jemand jeden Tag mehrmals erklärt, dass der Himmel grün ist, wird eines Tages der Moment kommen, an dem Du Blau als grün siehst. Leider ist unser Geist doch so simpel gestrickt. Günni ist nun mal ein einfacher Garten- und Landschaftsbauer und kein Professor der Philosophie.

Wiederholte Beschallung mit einer Botschaft macht Menschen irgendwann nahezu blind gegenüber der Realität. Das übelste Beispiel unserer Geschichte ist hierbei Nazi-Deutschland. Den ganzen Tag schallte aus den Radios die Botschaft, dass diese Nation die übergeordnete ist, überall hingen Plakate mit der gleichen Botschaft. Man konnte dem nicht ausweichen. Und das Ende von dieser speziellen Geschichte kennen wir ja alle nur zu gut...

Was ich damit sagen will, ist, dass Du keinesfalls die Kraft und Macht von simplen Wiederholungen unterschätzen solltest. Es gilt hierbei nur durchzuhalten, und irgendwann glaubt es sogar Günni, egal was es ist. Deshalb immer wieder die Gedanken filtern und kontrollieren! Wann immer Du Dich erwischst bei negativen Gedanken, z.B. wie Du immer und immer wieder den Streit mit dem Chef oder Deiner Frau in Gedanken durchläufst, brich daraus

aus. Ersetze diese Gedanken sofort durch etwas Positives. Und wenn Du Dir einfach nur das Bild Deines mentalen Gartens aufrufst und Dir vorstellst, wie Günni mit seinem Spaten Unkraut aussticht. Hauptsache ist, sich nicht in den negativen Gedanken zu verlieren. Und wenn man sich das oft genug bewusst macht, passiert es irgendwann sogar von ganz alleine. Wiederholung halt, die zur Gewohnheit wird. Das kann man dann auch noch entsprechend weitertreiben.

Erinnere Dich an die Funktionsweise des Unterbewusstseins; Günni hat keinen Plan, nicht für einen Cent, ob etwas Fiktion, Einbildung oder Realität ist. Wiederhole also nur oft genug, dass Du ein Astronaut bist, und er glaubt es. Aber aufgepasst, wenn Du die ganze Zeit davon sprichst, ein Astronaut sein zu wollen, glaubt er natürlich auch genau das, nämlich dass Du einer sein willst, aber nicht, dass Du einer bist. Die Formulierung ist hier tatsächlich sehr relevant.

Um ein wenig esoterisch zu werden: ich hab da mal den Spruch gehört, dass das Universum eigentlich nur eine Antwort kennt:

JA!

Heißt aber, wenn Du das jetzt auf die Wünsche anwendest, die man ja durchaus mal so für sich im stillen Kämmerlein formuliert, mußt Du doch durchaus aufpassen, wie Du es formulierst. Denkst Du Dir nämlich, dass Du mehr Geld brauchst, sagt das Universum auch dazu:

„Ja, so ist es. Du brauchst mehr Geld."

Genauso ist das halt mit unserem Günni. Er sagt auch immer nur ja. Er nimmt alles, was Du ihm gibst, und bringt es in den Boden ein. Ob es nun ein Apfelbaumsamen ist oder ein Fässchen mit Giftmüll. Ihm ist das ziemlich egal, denn sein Job ist es, einfach nur alles, was Du Ihm gibst, einzupflanzen und zu kultivieren. Und darauf kannst Du Dich voll und ganz verlassen: er wird es einpflanzen, kultivieren und Resultate liefern, die zum Eingepflanzten passen. Denn leider wächst in diesem speziellen Garten ALLES, was man in die Erde bringt. Günni ist DER Meistergärtner!

Als kleine Hilfestellung, hier ein paar Vorschläge, was Du immer, wenn Dein Geist in Leerlauf geht oder Du Dich bei etwas Negativem erwischst, vor Dich hin sagen kannst:

Beschwer Dich nicht, sondern konzentriere Dich auf das erwünschte Ergebnis!

Jammer nicht, sondern fokussiere Dich auf etwas Schönes!

Nörgle nicht!

Sei optimistisch!

Sei positiv!

Trau Dich!

Sei mutig!

Egal was kommt, es wird was Gutes sein!

In Deinem Garten scheint immer die Sonne!

Am Anfang wird Dir das noch recht schwer fallen, aber mit der Zeit und den entsprechenden Wiederholungen wird Dir diese Art und Weise, mit Situationen umzugehen, in Fleisch und Blut übergehen, dank der Kraft der Wiederholung.

Pass auf, was Du sagst!

Wo wir gerade bei dem Thema sind, es gibt da unbedingt noch was zu beachten. Du erinnerst Dich, dass Günni ALLES hört, sogar was Du selber sagst? Das ist gefährlich, da wir so über den Tag hinweg durchaus einiges von uns geben, das gar nicht so gut zu einer positiven Grundhaltung passt. Diese Sprachgewohnheiten und Wortwahlen sind meistens einfach in unseren Sprachmustern enthalten. Wir merken das gar nicht mehr, wenn wir Dinge sagen wie: „Das kotzt mich an!“ oder „Das macht mich sauer!“ oder ähnliche Phrasen halt.

Aufgepasst! Günni nimmt auch das ungefiltert auf und macht mehr draus. Wir alle haben viele feste Muster in unserer Sprache, die wir sozusagen als Standardreaktion auf bestimmte Geschehnisse ausspucken.
Beobachte das mal eine Weile, und Du wirst schnell feststellen, dass da eine ganze Menge sehr starke, negative Worte und Phrasen aus Deinem Mund kommen.

Sprich bewusst und mache Dir Deine Reaktionen bewusst. Nicht nur, dass Du Dich selbst damit beeinflusst, sondern natürlich auch noch Deine

Umwelt, also die Menschen, mit denen Du in dem Moment sprichst.

Und das Schlimmste ist, da dies zumeist unbewusste Sprachmuster sind, wiederholen wir diese immer wieder. Und was hatten wir gerade über Wiederholungen gesagt? Sie sind verdammt mächtig und haben großen Einfluss auf uns.
Weiterhin, denk noch mal an das Thema mit den Formulierungen von vorhin: wenn Du immer davon sprichst, etwas zu wollen, wirst Du es immer mehr wollen, aber mit geringer Wahrscheinlichkeit auch bekommen. Die Formulierung impliziert halt, dass Du es nicht hast und es Dir womöglich sogar Spaß macht, darauf zu warten.

Nehmen wir das Thema Erfolg. Willst Du Erfolg haben? Natürlich, das will doch jeder. Dann fang an, davon zu sprechen, dass Du Ihn schon hast. Ein bisschen schizophren im ersten Moment, das gebe ich zu. Aber wenn wir die bisher erwähnten Funktionsweisen unseres Geistes und die Herangehensweise an die Dinge durch Günni bedenken, ist doch durchaus Logik darin.

Schon mal den Spruch gehört „Das Wort ist mächtiger als das Schwert!“?

Geh mal in Dich und scanne Dein Vokabular nach bestimmten Worten. Gute Worte sind solche wie:

- Reichlich
- Erreicht
- Attraktiv
- Authentisch
- Wach
- Schön
- Glücklich
- Gesegnet
- Brilliant
- Charmant
- Heiter
- Kompetent
- Zuversichtlich
- Couragiert
- Mutig
- Köstlich
- Herrlich
- Entschlossen
- Elegant
- Endlos
- Enorm

All diese Worte und alle vergleichbaren haben immer einen positiven Effekt und Einfluss, wenn sie in einer Unterhaltung genutzt werden. Deshalb sieh zu, dass

Du immer viele solcher Worte benutzt, selbst wenn das Thema an sich unangenehm oder negativ sein sollte.

Jetzt ein paar von den bösen Worten. Ich empfehle Dir dringend, diese, wenn irgend möglich, komplett aus Deinem Vokabular zu entfernen oder zumindest nur sehr reduziert und nicht leichtfertig zu verwenden:

- Hass
- krank
- hässlich
- Problem
- Pleite
- Seuche
- kotzen
- tot
- umbringen
- verlieren
- sterben

Denk immer daran: Worte sind sehr mächtig und haben großen Einfluss auf Dich und Deine Umwelt, die Menschen um Dich herum. Versuche immer, positiv zu sprechen, und ignoriere die Pessimisten, Jammerer und Nörgler um Dich herum. Sieh das Glas immer als halb voll und niemals als halb leer an. Alles andere lässt die Dunkelheit über Deinen Garten kommen, und dann wächst nur noch das Unkraut. Das beste Kompliment, dass Du hören kannst, was Dir zeigt, dass Du alles richtig machst, kommt von einem Nörgler. Wenn so einer zu Dir sagt: „Deine gute Laune kotzt mich an!“, dann weißt Du, dass Du auf dem richtigen Weg bist.

Dankbarkeit

Stell Dir mal vor, Dein Leben wäre jemand. Irgendeine Person oder Gott oder so. Und jetzt stell Dir mal vor alles was der oder diejenige den ganzen Tag lang hört ist: „Ist doch alles Scheisse hier!“, „Nix ist so, wie ich es will!“, Nie krieg ich, was ich will!“, „Mein Leben ist doof!“, „Ich hab´ so wenig!“, und so weiter und so fort. So zumindest, so habe ich den Eindruck gewonnen, geht inzwischen der Großteil der Menschen durchs Leben. Die wenigsten halten zwischendurch mal kurz inne und überlegen, was sie eigentlich schon haben und was davon schon mehr ist, als die meisten anderen haben.

Um wieder zurück zu dieser Person „Leben“ zu kommen, versetz Dich mal in seine/ihre Lage. Wenn Du den ganzen Tag nur dieses Gemäkel, Gejammer und Genörgel hörst, ist das ziemlich nervig, oder? Bis hin zu dem Punkt des absolut die „Schnauze voll“ haben. Du erinnerst Dich an die Geschichte der Kinder Israels?

Was ich damit sagen will, ist, dass es durchaus angebracht ist, zwischendurch auch mal ein wenig Dankbarkeit zu empfinden. Einfach nur für das, was man schon hat und ist. Dafür, dass man überhaupt ist.

Dafür, dass viele Dinge, die wir als selbstverständlich nehmen, überhaupt ein Teil unseres Lebens sind.

Die wenigsten von uns machen sich bewusst, wie gut es uns geht, geschweige denn nehmen sich mal einen Moment Zeit zwischendurch, genau dies mal zu reflektieren und ein bisschen Dankbarkeit zu empfinden für das, was alles einfach so da ist.
Es geht darum, sich auch eine Attitüde der Dankbarkeit zueigen zu machen, denn es gibt da draußen immer Menschen, denen es noch viel, viel schlechter geht als uns.

Ich empfinde es als elementar wichtig, dass ich mir einmal am Tag vor Augen führe, was ich eigentlich schon alles habe und bin, und einfach mal Danke sage dafür. Wem oder wofür, ist egal, es geht nur um das Gefühl.
Alleine das sorgt schon wieder für eine positivere Grundhaltung, denn durch dieses Gefühl nimmt man viele Dinge um sich auch schon wieder ganz anders wahr.

Es soll hierbei keinesfalls um eine demütige oder womöglich devote Haltung gehen, sondern einfach nur darum, dass man sich zwischendurch mal klarmacht, wie gut es einem schon geht. Mehr geht immer, das ist klar, aber letztlich haben wir doch alle schon so viel.

Allein die Tatsache, dass Du das hier lesen kannst, zählt Dich schon zu privilegierten nur ca. 10% der Weltbevölkerung. Geld auf dem Konto, in Deinem Portemonnaie und womöglich noch ein bisschen Kleingeld verstreut zuhause heißt, dass Du zu nur ca. 8% der Weltbevölkerung zählst. Wenn Du Dir das hier womöglich auf einem Kindle oder ähnlichem Gerät durchliest, dann gehörst Du sogar zu dem einen Prozent Superprivilegierter. Und wenn Du es schaffst, Deinen Kopf hochzuhalten und immer ein Lächeln parat zu haben, dann bist Du schon ziemlich speziell und stichst aus jeder Masse heraus.

Und genau darum geht es; sei anders, sei positiv, sei dankbar, einfach nur jeden Tag ein bisschen mehr als alle anderen. Die Menschen um Dich herum werden es Dir danken, dass Du nicht zum üblichen Einheitsbrei des Jammerns, Nörgelns und Meckerns beiträgst sondern eher Auswege aufzeigst.

Und noch dazu wirst Du Dich immer häufiger plötzlich auch an kleinen Dingen erfreuen. Womöglich Dingen, die Du vorher nie wahrgenommen hast. Denn durch diese Übung, zwischendurch einmal für sich im Kopf oder auch laut auszusprechen, dass Du dankbar bist, wird auch Günni viel empfänglicher dafür. Seine Antennen werden sozusagen empfindlicher und er schenkt vielen Dingen, die er sonst gar nicht wahrnimmt, auf einmal Beachtung. Wie zum Beispiel der Sonne in seinem Garten. Oder der Tatsache, dass Du ihm immer öfter nur sorgfältig ausgewählte Samen reichst anstatt achtlos das erstbeste, was Deines Weges kam.

Es macht Deinen Weg insgesamt etwas leichter, weil Du Dich eher auf die schönen Dinge am Wegesrand fokussierst, anstatt auf die großen Steine, um die Du herumlaufen musst, oder den steilen Berg, den Du gerade mal rauf musst. Sei einfach nur einmal am Tag ein bisschen dankbar - für was auch immer, und Du legst damit einen weiteren Grundstein für ein insgesamt erfüllteres und einfacheres Leben, einfach nur, weil Du es so wahrnimmst.

Zu guter Letzt, ein riesengroßes DANKE an Dich von mir. Dankeschön, dass Du mir Deine Zeit schenkst, um das hier zu lesen. Ich fühle mich geehrt, dass Du, gerade nachdem wir weiter vorne festgestellt haben, wie wenig Zeit wir haben, mir diese Deine Zeit opferst. Ich hoffe sehr, dass mein Input diese Zeit wert war. Vielen herzlichen Dank!

Einschlafübung

Ich weiß gar nicht, ob ich das schon mal so direkt erwähnt hatte, aber für den Fall, dass es bisher noch nicht klargeworden ist: Günni schläft nie! Das heißt, wann immer wir schlafen, ist er noch munter am Werkeln und pflanzt, gießt und kultiviert, was Du ihm so für die Zeit Deiner Abwesenheit dagelassen haben. Du schläfst ja gerade, er aber nicht.

Heißt im Klartext, dass Du gerade, wenn es um die letzten Minuten des Tages geht, besonders aufpassen solltest, womit Du Dich beschäftigst.
Ich selber habe viele Jahre meines Lebens diese letzten Minuten dazu genutzt, den Tag noch mal zu reflektieren, insbesondere leider die nicht so tollen Dinge. Meistens halt die unangenehmen Situationen und, wie man vielleicht anders damit hätte umgehen können, und so weiter und so fort.

Irgendwann ist mir klargeworden, wie dämlich das eigentlich ist, denn das Resultat war immer das gleiche:

„Scheiße, schon wieder Morgen!“

Ich bin morgens aufgewacht und hab mich gleich wieder als erstes mit unangenehmen Gedanken beschäftigt. Die hatte Günni halt die Nacht über schön gezüchtet.

Überleg doch mal, was soll wohl anderes dabei rauskommen als ein schlechtes Gefühl am Morgen, wenn Du mit schlechten Gefühlen am Abend einschläfst. Noch dazu nützt es mal wieder nichts, oder? Vergangene Dinge sind hinterm Pflug, und somit ist daran nichts mehr zu ändern. Sicherlich soll man aus seinen Fehlern lernen, aber das bedeutet nicht, dass man sie immer und immer wieder durchkauen muss.
Wenn dann, bitte einmal analysieren und den Fehler identifizieren, dann aber auch einen Schlussstrich darunter ziehen. Du kannst eh nix mehr dran ändern!

Aber ich schweife ab. Wir wollten über das Einschlafen reden. Also noch mal, wenn Du abends am wegnickern bist, sieh zu, dass das mit einem guten Gedanken passiert. Im schlimmsten Fall, zumindest war das bei mir so, kriegst Du von schlechten Gedanken sogar noch mal Blutdruck und kannst dann wieder für eine Weile gar nicht einschlafen. Das taugt doch wohl gar nicht.
Da ist es doch viel schöner, wenn man mit einem wohligen Gefühl einschläft, mit irgendeinem Gedanken, der einfach nur schön ist. Ob er nun der Realität entspricht oder nicht, ist hierbei doch

vollkommen egal. Hauptsache ist, sich wenigstens einmal am Tag so richtig gut zu fühlen. Und wo passt das besser hin als in den Moment, in dem wir uns von dem Tag verabschieden, der nie wieder kommt. Noch besser ist es natürlich, wenn man sich einfach noch mal die schönen Momente eines Tages in Erinnerung ruft; und wenn es nur Kleinigkeiten sind. Du kannst mir nicht erzählen, dass es nicht an jedem Tag wenigstens eine Kleinigkeit zu finden gibt, die positiv war. Und wenn es der erste Schluck vom Kaffee war oder das Lächeln (D)eines Kindes oder ein Lacher, den man am Tag hatte. Irgendwas lässt sich immer finden. Und ich verspreche Dir, je öfter Du das treibst, umso einfacher wird es werden, etwas zu finden!

Schenk' dem Günni noch mal ein bisschen Sonne zum Abschluss des Tages. Dann können die schönen Dinge, die er gepflanzt hat, auch gleich noch ein bisschen besser wachsen. Und weiterhin bedeutet das doch auch, dass, wenn Du Abends vorm Einschlafen an schöne Dinge denkst, Günni diese auch anbaut. Da sieht das Resultat dann am nächsten Morgen schon ganz anders aus.

Probiere es mal aus. Wenn die letzten Minuten des Tages kommen, denke an was Schönes. Stell Dir vor, wie der nächste Tag total toll wird, und wenn Du Dir das einfach vorspinnst: Ist doch egal, Günni weiß das doch nicht. Oder träum ein bisschen vor Dich hin, wie Dein Wunschleben (Hast Du ja bestimmt inzwischen aufgeschrieben, oder?) aussieht und sich anfühlt. Wenn man mit solchen Gedanken einschläft, wacht es sich am nächsten Tag schon viel angenehmer auf.

Ich bin inzwischen soweit, dass ich ab und an sogar mit ´nem Lächeln aufwache. Auf jeden Fall freue ich mich auf den Tag, weil ich mir immer am Abend vorher sage, dass es ein toller Tag werden wird. Ich bin davon überzeugt und gehe einfach davon aus.

Im Ergebnis ändert sich die Wahrnehmung ganz gewaltig. Du nimmst viele negative Dinge gar nicht mehr so wahr, beziehungsweise diese kommen gar nicht mehr so nah an Dich ran. Du startest Deinen Tag doch schon mit einer besseren Haltung, und die strahlst Du dann auch aus.

Alleine durch die positivere Grundhaltung erscheint schon alles in einem anderen Licht. Dein Fokus liegt halt auf dem schönen Tag und nicht darauf, was so alles schief gehen kann. Dann geht auch gar nicht mehr so viel schief. Zumindest bekommst Du davon gar nicht mehr so viel mit.

Aufwachübung

Und um jetzt noch mal einen draufzulegen und Deine Tage noch besser zu machen, hier eine kleine Übung, um den Tag zu beginnen. Es ist eine Meditationsübung von einem Mann namens Vishen Lakhiani aus den Staaten. Klasse Kerl, hat es sich zur Aufgabe gemacht, Menschen dabei zu helfen, ein besseres Leben zu führen. Er hat viele Jahre lang verschiedenste Meditationstechniken studiert und auch selber ausprobiert und sich dann daraus seine eigene gebaut. Sehr intensiv und kurzweilig. Mit ein bisschen Übung bekommt man das in 5 - 10 Minuten hin. Passt perfekt zu dem Moment zwischen wach werden und aufstehen. Es sind sechs Phasen oder auch Gedanken, mit denen man ganz gezielt seinen Tag beginnen kann.

1. Liebe und Mitgefühl

Denke an Menschen, die Du liebst und die Dir wichtig sind. Dieses Gefühl dehnst Du nun aus auf die weiteren Menschen in Deinem Dunstkreis. Mit jedem Atemzug dehnst Du dieses Gefühl nun weiter aus, über Deinen Wohnort, über die Stadt, das Land und schließlich die ganze Welt. Stell Dir vor, wie alle Menschen dieses Gefühl von Dir wahrnehmen.

2. Danksagung
Bedanke Dich bei wem oder was auch immer für 1 - 5 Dinge, die Dir in den letzten Tagen in Deinem persönlichen Leben widerfahren sind. Kleinigkeiten wie ein schöner Sonnenaufgang oder –untergang, eine Parklücke an genau der richtigen Stelle, ein Kompliment von einem Mitmenschen. Es werden sich Dinge finden.

Dann noch mal das Ganze für Dinge aus Deinem Arbeitsleben. Ein Lob von einem Kollegen oder Chef. Ein guter Abschluss oder ein gelungenes Dokument oder Bauteil. Wieder werden sich Dinge finden lassen.

Und zu guter Letzt ein paar Worte des Dankes an Dich selber. Richtig gehört, bei allem, was so vor sich geht, vergessen die meisten, sich selbst auch mal Danke zu sagen. Dank Dir selber, für was auch immer. Ob Du nun jemanden zum Lachen gebracht hast, gut bei etwas warst oder auch nur Deine Haare am Tag zuvor so richtig gut in Form gebracht hast. Vielleicht ja auch dafür, dass Du Dir dieses Buch gekauft und es tatsächlich gelesen hast.

3. Vergebung
Ganz wichtig ist es, keine Päckchen zu packen, keinen Groll mit sich herumzuschleppen. Das ist so fürchterlich unnütz und behindert Dich nur, Deinen Weg zu bewältigen. Einfach nur Ballast, Gewicht, das Du mit Dir rumschleppst, aber nichts damit anfangen kannst.

Deshalb erinnere Dich jeden Morgen an eine Situation, in der Dir Deiner Meinung nach Unrecht getan wurde, und stell Dir vor, wie Du diesem Menschen vergibst. Sag in Gedanken zu dieser Person „Ich vergebe Dir!“. Ist vielleicht manches Mal gar nicht so einfach, aber wirkt wahre Wunder. Du kannst den Menschen so wieder viel freier und unbelasteter begegnen. Hierzu auch noch mal mehr in einem separaten Kapitel.

4. Der perfekte Tag
Als nächstes stelle Dir den perfekten Tag vor. Nicht komplett sicherlich, aber pick Dir ein paar Momente heraus und male Dir aus, wie sie sich ideal entwickeln und anfühlen. Ein Mittagessen mit den Kollegen, wo Du einen Heidenspaß hast, oder die Stunde/der Nachmittag, an dem Du total produktiv bist und sich gerade ein Problem löst. Dazu noch ein Gespräch mit einem Kunden oder Vorgesetzten, das sich genau so entwickelt, wie Du es willst. Dann zum Abschluss ein

schönes Abendessen mit Freunden, Familie oder auch gemütlich alleine mit einem guten Film oder so.

Mal Dir einfach aus, wie der Tag so richtig klasse wird. Alleine dadurch wirst Du schon wieder einen anderen Fokus haben/bekommen.

5. Träume
Verschwende ruhig noch mal den einen oder anderen Gedanken an Dein Traumleben, bevor Du in den Tag startest. Stell Dir einfach mal vor, wie Dein Leben in 2 - 3 Jahren aussehen soll. Was Du alles erreicht hast und wie toll sich das anfühlt.

Und übrigens, egal was Du Dir da zuerst vorstellst, verdoppele es. Untersuchungen haben gezeigt, dass Menschen üblicherweise das, was sie innerhalb eines Jahres erreichen können stark überschätzen, dafür aber das, was sie innerhalb von 3 Jahren erreichen können, gnadenlos und brutal unterschätzen. Also träum, was das Zeug hält!

6. Segnung
Und dann, bevor Du die Beine aus dem Bett schwingst, stell Dir vor, da ist jemand, der Dich bei all dem, was Du tust, unterstützt. Bei manchen ist es der Liebe Gott, bei anderen das Universum oder irgendeine andere höhere Macht. Oder aber vielleicht

auch einfach nur ein Unbekannter, der Dir was Gutes will. Egal, Hauptsache, Du stellst Dir vor, Du wirst unterstützt bei allem, was Du tust und anstrebst. Fühle es, dass Du nicht alleine bist, dann bist Du es auch nicht.

Mit dieser Übung, wirst Du Deinen Tag - und wird auch Günni seinen schon ganz anders starten. Du kannst das natürlich auch einfach während Deiner Morgenroutine machen, oder wie ich, bei einem morgendlichen Spaziergang. Wichtig ist nur, dass Du Dir Deine Gedanken bewusst machst und den Tag nicht mit Sorgen, Problemen, Ängsten und Ärger startest. Das kommt schon von ganz allein. Nur wie viel davon dann bei Dir ankommt und Einfluss auf Dich und Günni nimmt, liegt ganz allein bei Dir und Deinem Günni.

Die zwei mächtigsten Worte der Welt!

Absolut weltberühmtes Zitat: „Ich denke, also bin ich!“ Ich vergesse immer wieder, ob es nun Sokrates, Aristoteles oder Plato war. Ist aber auch gerade egal. Viel wichtiger:

Hast Du schon mal versucht, das umzudrehen?

„Ich bin, also denke ich!“

Das, was wir fast allen anderen Lebewesen gegenüber Voraus haben, ist genau das. Die Fähigkeit, bewusst zu denken und nicht einfach nur Impulsen unseres rudimentären Unterbewusstseins zu folgen. Wobei... Irgendwie tun wir das ja doch wieder am Ende. Zumindest, wenn wir nicht aufpassen. Es geht um die zwei Worte „Ich bin!“
Du bist; und das Dein ganzes Leben lang.
Kein Tier, kein Strauch, kein anderes Lebewesen außer uns Menschen kann das so umfassend von sich behaupten. Nun geht es darum, daraus auch etwas zu machen.

Was immer Du mit diesen beiden Worten verknüpfst, wird auf die eine oder andere Art und Weise Teil Deiner Realität werden. Sag Dir nur oft genug „Ich bin pleite!“ oder „Ich bin krank!“, dann wird es so sein, beziehungsweise sich auch nicht ändern. Es ist ein bisschen der Placebo Effekt.

Wieder geht es darum, dass alles, was Du denkst und sagst, ungefiltert in Günnis Garten landet und dort weiterverarbeitet wird. Heißt also, dass, wenn Du Dir nur oft genug sagst, dass Du krank bist, Günni daraus den größten und mächtigsten Brennnesselbaum macht, den Du je gesehen hast. Schauerliche Vorstellung. Wer will so was in seinem Garten stehen haben.

Probiere doch mal aus, Dir zu sagen „Ich bin gesund!", „Ich bin erfolgreich!", „Ich bin reich!". Irgendwann glaubst Du es und, viel wichtiger, der Günni macht da was Schickes draus. Ein bisschen angewandter Realismus gehört sicherlich auch dazu, aber letztlich geht es hier um Glauben. Dieser versetzt ja bekanntermaßen Berge. Wichtig ist hierbei aber auch, dass man es nicht nur vor sich hinsagt. Ein bisschen Gefühl sollte schon mit dabei sein. Eigentlich nicht nur ein bisschen, sondern „Feuer & Flamme".

Du musst aus dem Kreis ausbrechen und Dir abgewöhnen, auf den Dingen herumzudenken, die Du NICHT haben willst. Fokussier Dich auf das gewünschte Ergebnis und beschäftige Dich damit. Alles andere zieht nur runter, und von unten bekommt man so wenig mit vom Leben. Denke lieber an die Dinge, Situationen und Menschen, die Du in Deinem Leben haben willst, anstatt an die, die Du nicht willst.

Ich weiß, das ist jetzt ein bisschen wie das Kind, welches sich an dem Schaufenster mit der Eisenbahn jeden Tag die Nase platt drückt. Aber mal ganz unter uns: ist das nicht immer noch achtunddreißig mal besser als in Agonie zu schwelgen und sich immer und immer wieder darüber Gedanken zu machen, dass das Leben nicht so ist, wie man will? Zum wiederholten Male: WAS NÜTZT DIR DAS? Absolut gar nichts!

Selbst wenn das alles Träumerei ist, sie bringt Dich Deinem Ziel definitiv näher als alle anderen Gedankengänge. Zumindest in Deinem Geist. Und da fängt doch bekanntlich alles an, oder?

Das Fundament

Jetzt habe ich die ganze Zeit von Träumereien, Bildern im Kopf und kleinen Kerlen, die in Deinem Geist gärtnern, gesprochen. Wird Zeit für ein paar ernstere oder besser: weltlichere Worte.

Alle Träumerei ist ja schön und gut, aber wir wollen ja auch alle irgendwann mal was erreichen. Mit der inneren Haltung beginnt alles, ja. Aber es braucht dann dazu auch noch ein paar mehr handfeste Ansätze.

Aus meiner Sicht sind das grob strukturiert die folgenden Themen, die hierzu einer gewissen Beachtung bedürfen. Ohne die führt das alles zwar dazu, dass Du sicherlich besser gelaunt durch Deinen Tag gehst, aber selbst das ist irgendwie nur halbgar, ohne das man sich auf echte Ergebnisse fokussiert und auch etwas dafür tut.

Es braucht eine ordentliche, handfeste Philosophie für Dein Leben mit einer echten Attitüde.
Diese Philosophie hat sicherlich eine richtig gute Basis, wenn man grundsätzlich erst mal gut gelaunt und vom Besten ausgehend durch sein Leben geht, aber nur damit alleine wirst Du es halt auch nicht allzu weit bringen.

Es ist vielmehr wichtig, hierbei auch immer an Dir und Deinen Zielen zu arbeiten.

Der Zettel, den Du hoffentlich inzwischen geschrieben hast, braucht regelmäßige Updates. Am Anfang wird der nämlich zum einen noch recht schwammig gewesen sein, und zum anderen werden sich auf Deinem Weg die Prioritäten auch durchaus noch mal verschieben. Deswegen ist es aber so wichtig, es auch mal aufzuschreiben.

Das macht das nach hinten Gucken so viel einfacher. Steve Jobs hat in seiner Rede in Cambridge (Total genial das Ganze, unbedingt mal anschauen auf YouTube. Gibt es sogar mit deutschen Untertiteln), hierzu sehr überzeugend deutlich gemacht, dass das Verbinden der Punkte nur im Nachhinein möglich ist.

Die Botschaft dahinter ist einfach nur, dass Du immer erst hinterher schlauer bist und verstehst, wofür die Dinge, Erlebnisse, Strauchler und das auf die Fresse fallen gut waren. Dafür musst Du aber ab und zu auch mal in den Rückspiegel schauen.

Aber auch hier natürlich sehr bewusst. Nicht in Erinnerungen schwelgen oder sich das Hirn über Fehler oder Rückschläge zermartern. Tatsächlich in Ruhe zwischendurch mal eine Bilanz ziehen, was so alles passiert ist, und zwar nicht nur in den letzten Tagen und Wochen, sondern in den letzten Monaten und Jahren.

Wenn ich so zurückdenke, was bei mir so alles schief gelaufen ist; Mann oh Mann, alleine damit könnte ich ein Buch füllen, wie sicherlich jeder von uns. Aber im Rückblick gibt es bisher nicht eine Sache, die ich bereue. Und wenn ich ehrlich mit mir bin, würden mir die Dinge auch jedes Mal wieder genauso widerfahren unter den damaligen Bedingungen. Wie gesagt; hinterher ist man immer schlauer.

Nächstes Thema. Ich erwähnte eben eine „echte" Attitüde. Hierbei geht es darum, ein Macher zu sein. JFDI ist so ein Motto, das ich mir in den letzten Jahren zugelegt habe. Heißt nichts anderes als

„JUST FUCKING DO IT!!!"

Einfach mal machen, einfach mal anfangen, nicht zu lange nachdenken. Es geht darum, wie auch vorher schon mal erwähnt, nicht unter Deiner eigenen Vorsicht zu leiden. Wenn Du etwas gar nicht erst anpackst, weil Du Angst hast oder auch keinen Bock, wird es nicht von alleine weggehen oder sich erledigen. Das einzige, was verschwindet, ist die Gelegenheit. Und die Summe der Gelegenheiten macht Dein Leben aus. Hier mal wieder ein schlauer Spruch dazu:

„Die einzigen Chancen, die man bereut, sind die, welche man nicht ergriffen hat!“

Also trau Dich verdammt noch eins. Sonst tut es keiner führ Dich, und leider hat das Leben auch nichts zu verschenken, zumindest nicht, ohne dass man es mal klar formuliert und seine Absicht auch mal mit der einen oder anderen Handlung unterlegt.

Es geht hier gar nicht um das harte Arbeiten, sondern um das smarte arbeiten. Sei immer ehrlich, ehrbar und integer in allem, was Du tust, packe jede Gelegenheit an den Haaren und schleif sie mit aller Gewalt in Dein Leben. Du hast nur das eine Leben, und jeder Tag davon ist so unendlich wertvoll.

Rechne mal nach, es sind gar nicht so viele. Wenn der Mensch im Schnitt so sagen wir mal 80 bis 85 Jahre alt wird, sind das gerade einmal so um die 30.000 Tage. Klingt im ersten Moment viel, aber ungefähr die Hälfte der Zeit verbringt man schon mal mit schlafen, essen und Körperfunktionen nachgehen. Jetzt noch mal ein paar hundert Tage fürs Warten, ein paar hundert fürs unterwegs Sein, usw. Da bleiben am Ende nicht mehr viele Tage fürs echte und bewusste Leben. Jeder Tag, jede Stunde ist kostbar und sollte mit so viel Bewusstsein wie nur irgend möglich gelebt werden. Dazu gehört in allererster Linie auch eine echte, authentische Attitüde.

Du musst auch mal aus Deiner Komfortzone raus und Dinge tun, die keinen Spaß machen und bei denen Du Dich sehr unwohl fühlst. Aber dafür wirst Du Dich hinterher umso besser fühlen. Und wenn es nur ist, weil Du es hinter Dich gebracht hast. Einfach mal machen.

Und zuletzt braucht es was? Disziplin!
Tut mir ja leid, dass jetzt ausgerechnet so etwas kommt, aber genau das ist es halt, was es braucht. Bei allem, was Du zuvor gelesen hast, brauchst Du auch Disziplin, ansonsten nützt es nichts. Nur mit Disziplin kommst Du weiter.

Ob es jetzt darum geht, jeden Tag einen Apfel zu essen oder aber, nicht pünktlich den Arbeitsplatz zu verlassen, sondern doch noch mal eben die halbe Stunde zu bleiben, um die eine Aufgabe zu Ende zu bringen. Du musst bei allem, was Du tust, eine gewisse Disziplin an den Tag legen und auch investieren. Von nichts kommt nichts.
Du kannst nicht den Acht-Stunden-Tag auf die Minute genau leben und dann erwarten, dass Du alle zwei

Jahre befördert wirst und Dir das Geld so hinterher fliegt.

Genauso wenig darfst Du erwarten, dass Du nur vom Rumsitzen schlauer, reicher oder auch nur besser wirst. Man muss auch schon mal ein Buch lesen oder sich selber eine Weiterbildung gönnen oder was auch immer.

Nur wenn Du bereit bist, etwas (in Dich) zu investieren, kannst Du auch etwas zurückerwarten. Das müssen jetzt nicht Blut, Schweiß und Tränen sein. Aber wenigstens ein bisschen ins Schwitzen kommen, und wenn es nur mental ist, muss schon drin sein. Jeder Moment, den Du in Dich selber investierst, in dem Du diszipliniert bist, ist eine Investition in Deine eigene Zukunft!

Die gute Nachricht ist, dass, wenn Du all die Übungen vorher ernst genommen hast und weiterhin erst nimmst, der Drang, was zu tun, von ganz alleine kommt. Günni wird irgendwann ganz zappelig und fängt an zu drängeln, dass sein Garten endlich vergrößert werden soll, weil die ganzen Apfelbäume nicht mehr rein passen.

Den Gedanken werden Taten folgen, sobald diese nach entsprechender Pflege gewachsen sind und ihre

Früchte reif werden. Gedanken gehen den Taten immer voraus, aber genauso folgen Deine Taten auch immer Deinen Gedanken. Und wenn diese nur intensiv genug sind, wirst Du gar nicht mehr anders können, als auch entsprechend zu handeln. Nur bewusst eben im Gegensatz zu sonst, denn Du bist und wirst, was Du denkst.

Vergebung

Ich hatte weiter vorne ja schon angedroht, dass ich dieses Thema noch mal aufgreife. Das liegt einfach daran, dass es so fürchterlich wichtig ist. Denn gerade die Päckchen und Pakete, die wir im Laufe unseres Lebens alle so packen, nehmen fürchterlich viel Platz weg in unserem Garten.

Was ich meine, ist der Groll und Ärger, den wir so mit uns herumschleppen, weil wir uns von so vielen Menschen und Situationen und auch vom Leben allgemein manches Mal ungerecht behandelt fühlen.

Ich wette, dass auch bei Dir im Garten so einige Regalreihen stehen, dicht gepackt mit Päckchen, Paketen und Kisten. Gefüllt mit Unkrautsamen, aus denen Günni sich immer wieder zwischendurch bedient. Alle fein säuberlich beschriftet von dem Typen, der Dich neulich auf der Autobahn geschnitten hat, bis hin zu dem Menschen, der Dir das Herz gebrochen hat. Womöglich auch noch einige schlimmere Dinge.

Je nach Alter und Lebensweg, könnte ich mir vorstellen, dass der ein oder andere sogar schon ein vollautomatisiertes Hochregallager mitten im Garten stehen hat.

Überleg Dir mal, wieviel Platz das einnimmt und wie viele schöne Dinge Du stattdessen von Günni dort anpflanzen lassen könntest. Das Schlimmste an dem Ganzen ist, dass es nur Dich alleine belastet. Noch dazu wird vieles davon mal wieder aus Deiner Wahrnehmung heraus entstanden sein. Wir nehmen merkwürdigerweise vieles, das Meiste, persönlich, obwohl wir oftmals keinerlei Bezug dazu haben.

Die Ursache hierfür liegt oft genug in den rudimentären Bereichen unseres Gehirns. Zu der Zeit, als unser Gehirn diese Funktion des „angepisst sein" entwickelt hat, war sie auch durchaus angebracht. Wenn einem damals ein Krokodil zu nahe kam, war es gut, dass man sofort Blutdruck, Adrenalin und Aggression bekam. Heutzutage, wo uns nicht mehr gefährliche Krokodile, sondern nur Mitmenschen zu nahekommen, ist das ständige Adrenalin aber halt eher hinderlich, kann in den meisten Fällen auch nicht abgebaut werden und landet somit schnell in Günnis Regal mit Unkrautsamen.

Ich behaupte einfach mal, dass 99,9% der Menschen, um die es in diesen Paketen geht, noch nicht mal wirklich wissen, dass es existiert. Wenn dem so wäre, wäre das entsprechende Päckchen nämlich nicht mehr da. Denn es hieße, dass Du Dich mit dem

Menschen dazu ausgesprochen hättest und das Thema geklärt wäre.
Und ich rede hier nicht von einem Streit, wo man das jemandem an den Kopf geworfen hat, sondern von einer echten Aussprache, bei der man das Thema entweder geklärt hat oder wenigstens bei dem anderen abgeladen. Nur Dir alleine liegen diese Dinge üblicherweise auf der Seele und verursachen Schmerz, Groll, Ärger und andere negative Gefühle, die dich auf Deinem Weg nur belasten und Gewicht sind, das Du mitschleppen musst.

Wie viel Einfluss das auf uns hat, haben ein paar Wissenschaftler in Kanada mal untersucht:
Sie haben mehrere Gruppen von Menschen, und zwar ganz normale Leute, die sich ab und an mal damit beschäftigen, verkabelt und sie meditieren lassen. Dabei wurden dann die Hirnströme gemessen, welche anzeigen, wie tief die Meditation ist und welchen Einfluss sie auf das Gemüt hat. Als die Menschen die Aufgabe bekamen, im Geiste mal allen und allem zu vergeben, wurden die entsprechenden Ausschläge immer höher. Innerhalb kurzer Zeit, kamen diese Menschen den Werten von Mönchen und anderen Menschen, die einen Großteil Ihres Lebens mit Meditations- und anderen Übungen verbringen, näher. Das heißt, sie kamen dem inneren Frieden immer näher. Keine andere Übung, die bei diesem

Experiment durchgeführt wurde, kam auch nur ansatzweise an solche Ergebnisse heran.

Weiterhin berichteten die Menschen nach Abschluss dieser Übungen von einem Gefühl des „nicht berührbar seins“ (unfuckwithable). Das heißt jetzt nicht, dass sie sich um nichts mehr geschert haben. Situationen und Geschehnisse negativer Natur, sprich Unkraut, konnten bloß nicht mehr bis in ihren Garten vordringen. Das Regal war leer und abgerissen.

Ich weiß selber, wie schwierig das ist. Oft genug will man gar nicht vergeben. Aber was hast Du davon? Belastung, Gewicht, negative Gefühle, UNKRAUT IN DEINEM GARTEN! Und genau das willst Du doch eigentlich nicht.

Ich weiß, es ist überhaupt nicht einfach, aber glaube mir, es hat ganz großen Einfluss auf Dich, wenn Du das durchziehst. Es führt irgendwann dazu, dass Du nicht mehr verletzbar bist. Nahezu unverwundbar. Ruhig und gelassen in nahezu jeder Lage.

Und noch dazu schafft es jede Menge Platz in Deinem Garten, damit die schönen Dinge sich noch weiter ausbreiten können. Übe Dich stetig und ständig in Vergebung. Den anderen gegenüber, aber vor allem auch Dir selber gegenüber. Ich verspreche Dir, es lohnt sich!

Verständnis

Um das mit der Vergebung noch ein bisschen einfacher zu machen, hier noch ein weiterer Denkansatz für Dich. Versuche Verständnis aufzubringen für die Menschen, die Dich enttäuschen, Dir wehtun, Dich schlecht behandeln. Verletzte Menschen verletzen Menschen, ist die Devise. Je fieser ein Mensch ist, desto unglücklicher ist er üblicherweise selber. Dazu kommt, dass Du die Menschen um Dich herum ebenso wie die Umstände nicht ändern kannst. Du kannst einzig Dich und die Art und Weise, wie Du damit umgehst, ändern.

Wenn Du also einen Groll hegst, überlege mal, wie der andere wohl damit umgeht. Vielleicht ist die Person ja auch gerade schlecht behandelt worden oder hatte ein echt bescheidenes Erlebnis. Und Du warst einfach nur zum falschen Moment da. Deswegen hast Du es dann abbekommen. Wenn Du jetzt auch negativ reagierst, setzt Du den Kreislauf fort. Du wirst dann als nächstes höchstwahrscheinlich auch Deinen Frust irgendwo ablassen. Unbewusst auf jeden Fall.

Es sei denn, Du hast Verständnis, und daraus abgeleitet vergibst Du. Dadurch bleibst Du viel entspannter und gehst nach einiger Zeit auch viel gelassener mit solchen Situationen um und durch Dein Leben.

Wenn also jemand Minuten aus Deinem Leben nimmt, die Du Ihm freundlicherweise gibst, und diese dann nutzt, um Negativität zu verbreiten, spricht das Bände über denjenigen. Es gibt keinen Grund, auch nur einen zweiten Gedanken an diesen Menschen zu geben.

Schade, aber es gibt Menschen, die müssen andere runterziehen, um sich selbst aufzubauen. Da ist was falsch in deren Leben. Deshalb zeige Mitgefühl und Verständnis für sie. Ihre Umstände führen zu ihrer Negativität, da sie nicht anders wissen, damit umzugehen. Sie mögen ihr Leben nicht. Das ist Strafe genug.

Akzeptanz ist ein weiterer Punkt. Lerne die Dinge zu akzeptieren, die Du nicht ändern kannst. Es nützt Dir überhaupt nichts, wenn Du Dich über eine lange Schlange, einen Stau oder auch nur über das schlechte Wetter ärgerst. Nur Du hast schlechte Laune, und je nachdem, wie Du damit umgehst, steckst Du damit womöglich auch noch andere an. Denke immer daran: von dem, worauf Du Deinen

Fokus richtest, bekommst Du mehr. Das ist so sicher wie das Amen in der Kirche.

Akzeptanz macht vieles einfacher und hilft auch, das Gefühl der Machtlosigkeit besser zu verarbeiten. Das Leben geht immer weiter, Frühling, Sommer, Herbst und Winter sind immer da und werden auch immer da sein. Daran wirst Du nichts ändern. Du kannst nur ändern, wie Du damit umgehst und was Du daraus machst.

Je positiver Du Dich bemühst, mit den Dingen umzugehen, umso positiver wird auch Deine Wahrnehmung sein. Es gibt halt kein schlechtes Wetter, es gibt nur schlechte Kleidung. Sprich, es gibt auch keinen schlechten Tag, es gibt nur schlechte Laune. Und dagegen kannst Du ja was tun, wie wir festgestellt haben, oder? Entscheide Dich bewusst dafür, aus dem Kreis auszubrechen.

Übe es und wehre Dich gegen die schlechten Gedanken. Zur Not überlagere sie einfach mit guten. Und wenn es nur Träumerei ist für einen kurzen Moment. Pflanze einen Bodendecker, damit das Unkraut keinen Platz hat. Günni wird es Dir danken.

Wünsch Dir was

Für diejenigen, denen es noch nicht aufgefallen ist oder die bisher noch keine Berührungspunkte mit diesem Thema hatten: Ich spreche hier schon auch mal über das sogenannte „Gesetz der Anziehung“.

Dieses besagt ganz simpel gesprochen nichts anderes, als dass wir das, was wir uns wünschen und worauf wir unsere Gedankenwelt fokussieren, auch bekommen.

Nun glaube ich selber nicht unbedingt daran, dass man alles manifestieren kann, jedoch schon, dass es im Rahmen des Realistischen durchaus möglich ist, das eine oder andere in sein Leben zu bringen, was man sich so gar nicht zu erträumen gewagt hätte. Hierbei gibt es bloß ein paar Grundregeln, damit das überhaupt funktionieren kann. Es beginnt wieder mit dem berühmten Zettel, den Du ja jetzt endlich mal geschrieben hast. Es ist von elementarer Wichtigkeit, dass dieser das gewünschte in einigermaßen klarem Detail aufführt. Und noch viel wichtiger; Du darfst nicht ständig Deine Meinung ändern.

Du musst Dir das so vorstellen, dass Du Günni im einen Moment einen bestimmten Samen gegeben hast. Unseren Apfelbaum, um beim Bekannten zu bleiben. Nun pflanzt er den ein und gießt ihn und hegt und pflegt ihn. So langsam wird aus dem zarten Setzling so was wie ein Baum, und bald ist er auch so weit, Früchte zu tragen.

Und jetzt kommst Du um die Ecke und sagst, dass Du doch lieber ´nen Orangenbaum hättest. „Na gut." denkt sich Günni und rupft das Ding wieder raus und pflanzt halt einen Orangenbaum ein. Den bringt er wieder so weit, bis der kurz davor steht, Früchte zu tragen, und dann kommst Du wieder und sagst, dass Du jetzt eigentlich lieber eine Pflaumenbaum hättest. Und wieder rupft er das Ding stumpf aus und fängt von vorne an.

Heißt also, dass Du Geduld und Vertrauen in Günnis Fähigkeiten und seine Verbindung nach draußen haben musst. Wenn Du den Samen gepflanzt hast, bzw. hast pflanzen lassen, warte einfach mal ein bisschen ab. Aber mach Dir halt auch vorher ganz genau Gedanken, welch einen Baum Du denn jetzt haben willst.

Kann man auch so sehen: Bestellung aufgegeben und jetzt warten, bis die Lieferung kommt.

Weiterhin, reicht es nicht, sich einfach was zu wünschen. Du musst es schon richtig formulieren und aufpassen, dass Günni es halt richtig versteht. Er ist ja wie gesagt ziemlich stumpf. Wenn Du zu ihm sagst, das Du gerne einen Apfelbaum hättest, sagt er: „Schön für Dich, Du möchtest gerne einen Apfelbaum.“ Du musst ihm schon den Samen in die Hand drücken und ihm sagen, wo er das Loch graben soll. Er braucht halt klare Anweisungen.

Erinnere Dich an die Funktionsweise Deines Unterbewusstseins. Nur Gegenwart, kein NICHT oder NEIN, und so weiter. Und bleib bei der Sache. Dazu beachte, dass Du zwar grundsätzlich fruchtbaren Boden hast, dass es aber ja auch Wasser und Sonne braucht, um etwas zum Wachsen zu bringen. Also gemäß der Analogie am Anfang zu dem Thema, Handlungen und Gefühle, die zum gewünschten Ergebnis passen. Denn Deine Handlungen sind das Wasser und Deine Gefühle die Sonne. Wenn Du also die falsche Stelle wässerst und die Sonne zu sehr brennt oder auch viel zu wenig, kann auch nix wachsen.

Mach Dir keine Gedanken über das „Wie“ und „Woher“. Akzeptiere einfach die Tatsache, dass da was wächst und dann auch Früchte dran hängen. Und wenn es dann eingepflanzt ist, spar Dir die Mühe, die ganze Zeit davor zu stehen, sprich immer wieder daran zu denken, und darauf zu warten, dass da endlich was wächst. Beschränke Dich darauf, zwischendurch dem Günni mal zu sagen, dass er gießen soll und vielleicht mal ein bisschen beschneiden. Wenn es Zuwendung für die eine spezielle Saat braucht, wirst Du es schon merken.

Ansonsten kümmere Dich lieber darum, Deinen Garten sauber zu halten, und hilf dem Günni beim Unkraut jäten, bzw. schmeiß ihm nicht immer selbst neues rein. Das Ganze braucht auch etwas Übung. Den wenigsten gelingt es, aus dem ersten gepflanzten Samen auch gleich einen mächtigen Baum zu machen. Wenn es ein paar mehr Anläufe braucht, verzweifle nicht. Es ist halt noch kein Meister(gärtner) vom Himmel gefallen.

Mach Dich gerade

Und das im wahrsten Sinne des Wortes. Geh aufrecht durch Dein Leben und zeig Dich in Deiner vollen Größe. Ist Dir schon mal aufgefallen, wie viele Menschen mit mehr oder weniger hängenden Schultern und so ein bisschen zusammengesackt durch die Gegend laufen. Mal ganz abgesehen davon, dass das schlecht für den Rücken ist, ist es auch schlecht für die Ausstrahlung. Gerade in unserer heutigen Kultur steht es für eine gewisse Bocklosigkeit, für eine bestimmte Haltung eben.

Ich selber gebe mir immer große Mühe die Schultern ein wenig zurückzunehmen und eine etwas aufrechtere Haltung zu haben. Nicht nur, dass mein (dicker) Bauch dann nicht so auffällt, sondern ich fühle mich dabei auch gleich ein bisschen besser. Es ist das Gefühl, dass ich bewusst und aufrecht gehe, stehe und sitze. Das alleine verursacht im Kopf schon etwas Ähnliches. Auch Günni fühlt sich halt angespornt, ein bisschen gerader durch seinen Garten zu gehen und nicht zu schlurfen, mit hängenden Schultern, die Hände in den Taschen, und am schlimmsten womöglich noch mit einem hängenden Kopf.

Da sieht man doch gar nicht, was um einen so vor sich geht. Und dann verpasst man womöglich noch was Schönes oder womöglich noch eine Gelegenheit. Körperhaltung ist ein großer Bestandteil unserer Ausstrahlung. Wie andere uns wahrnehmen.

Ebenso gehört es zum Thema non-verbale Kommunikation. Du kannst Deinem Gegenüber schon durch Deine bloße Haltung zu verstehen geben, dass Du aufmerksam und respektvoll zuhörst oder aber auch, dass es Dich einen Scheiß interessiert, was Du da gerade hörst.

Signalisiere Deiner Umwelt, dass Du da bist, und dass Du stark bist, präsent. Das machst Du eben im ersten Moment am besten, wenn Du mit geradem Rücken und beschwingten Gang daherkommst. Nicht übertrieben steif natürlich, Du bist ja nicht auf dem Exerzierplatz. Aber aufrecht bitte.

Du hast damit schon eine ganz andere Wirkung auf Deine Umwelt, und diese wird Dir somit auch schon wieder ganz anders begegnen. Ein bisschen attraktiver wird man damit übrigens auch immer.

Dazu wird alleine der Fokus, den Du dann ja zwischendurch immer mal wieder darauf richten musst, wie bereits gesagt auch Einfluss auf Günni haben. Außerdem, bleibt damit weniger Zeit in Deinem Kopf für schlechte Gedanken und Grübeln im allgemeinen. Klasse, oder? Also, strecke Dich und Dein Gesicht der Sonne entgegen, geh aufmerksam und aufrecht durch Dein Leben, damit Du auch ja alles mitbekommst und nicht die geringste Gelegenheit verpasst.

Mach. Dich. Gerade.

Du bist es wert

Das schlimmste am Günni ist, dass er üblicherweise der größte Zweifler in unserem Leben ist. Andauernd flüstert er uns Dinge ins Ohr wie: „Das klappt doch eh nicht!“ oder „Wie willst Du das denn schaffen?“. Ist doch echt nervig und zudem auch überhaupt nicht hilfreich. Doch woher kommt das?

Merkwürdigerweise, habe ich festgestellt, laufen ganz viele Menschen mit einem ziemlich kaputten Selbstwertgefühl durch ihr Leben. Ganz oft ist die Grundlage dafür schon im Elternhaus gelegt worden. Gerade Kinder sind sehr empfänglich für Input solcher Art. Immer wieder erklären wir als Eltern ihnen, dass sie was nicht können oder etwas nicht geht.

Leider haben die Kleinen noch so gar keinen Filter zwischen Bewusstsein und Unterbewusstsein. Oder um es anders auszudrücken: Günnis Garten ist noch total leer und der Boden ist vollgepumpt mit Nährstoffen. Alles, was zu der Zeit aufgenommen wird, schlägt unweigerlich Wurzeln und wächst und wächst und wächst. Und wenn wir dann später irgendwann da ran wollen um so etwas wieder zu entfernen, ist das halt eine echte Plackerei, da es ja schon so lange wächst.

Manches Mal sind es im Erwachsenenalter Dinge, die man an der Oberfläche gar nicht mehr so sieht, weil schon was anderes darüber gewachsen ist, aber das Wurzelwerk unter der Oberfläche ist dann dafür umso mächtiger.

Und so übernehmen wir oft genug solche Aussagen als tatsächliche Glaubensgrundsätze, die sich sehr verfestigen. Da dann dadurch ja auch noch der Fokus der Wahrnehmung darauf liegt, tendieren wir natürlich auch dazu, genau solche Situationen und Themen wahrzunehmen, die diesen Glaubensgrundsatz noch bestätigen. Manches Mal sogar in einer Art und Weise, dass Situationen einfach entsprechend interpretiert werden, obwohl es gar nicht stimmt. Und wenn man einmal in so einer Selbstzweifel-Spirale gefangen ist, fällt es sehr schwer, hieraus wieder auszubrechen.

Zweifle nicht an Dir und vor allem: Beschimpfe Dich nicht selber. Ja, sei selbst Dein größter Kritiker, aber das Ganze bitte konstruktiv. Sieh' Deine Bemühungen grundsätzlich mit Wohlwollen. Jede kleine Anstrengung und Bemühung ist immer noch besser als, womöglich gar nicht an Dir zu arbeiten. Solange Du immer Dein Bestes gibst bei dem, was Du tust, ist alles gut. Wenn das Ergebnis nicht das ist, welches Du haben willst: von vorne das Ganze. Aber nicht mit

Anschreien im Kopf, sondern mit Bedacht und Geduld mit Dir selbst. Anschreien nützt nämlich gar nichts, hab´ ich festgestellt, außer dass man sich dann schlecht fühlt und noch weniger Bock hat, sich Mühe zu geben.

Günni hat, wie bereits erwähnt, ein eher kindliches Gemüt, und deswegen solltest Du sehr liebevoll mit ihm umgehen. Je mehr Du mit Dir selber, also mit Günni schimpfst, je mehr zieht er sich schmollend und trotzend zurück. Bis er halt irgendwann selber glaubt, dass er ein Idiot ist, und deswegen die Dinge gar nicht mehr angeht.

Mache Dir bewusst und überzeuge Dich selber, dass Du wertvoll bist. Das muss bei Dir als erstes beginnen. Wie sollen Dich andere Menschen lieben und wertschätzen, wenn Du es noch nicht einmal selber tust? Wir kommen auch wieder zum Thema der Dankbarkeit. Sei Dir selber dankbar, dass Du bist, atmest und jeden Tag aufstehst und Dir Mühe gibst.

Derjenige, der diesen blöden Spruch von wegen „Eigenlob stinkt“ in die Welt gesetzt hat, hat eigentlich einen Satz heiße Ohren verdient. Was hat der sich dabei gedacht? Müssen wir wirklich immer darauf warten, dass uns jemand anderes lobt, wenn wir etwas gut gemacht haben? Was machst Du, wenn es keiner mitgekriegt hat? Zählt es dann nicht?

Man soll sich nicht über andere stellen, sicherlich. Aber warum darf man nicht sagen: „Das habe ich echt gut gemacht! Ich bin stolz auf mich!“? Ist doch irgendwie bescheuert. Aber genau so tickt unsere Gesellschaft heutzutage. Der größte Teil der Leute da draußen ist nahezu abhängig von der Anerkennung anderer Menschen. Und damit wird plötzlich auch das Leben, das Handeln und Tun danach ausgerichtet. Plötzlich bist Du komplett fremdgesteuert.

Der erste, der das Lob ausspricht, musst Du selber sein. Ganz nett, wenn andere dann auch noch mal ein Lob hinterherschieben, aber Du darfst nicht darauf angewiesen sein, Dich nicht danach ausrichten. Du hast etwas gut gemacht und kein anderer. Deshalb darfst Du Dich auch ruhig selber loben.

Schätze Dich selber für jede Bemühung, das wirkt genauso motivierend, als wenn es von jemand anders kommen würde. Gut, vielleicht braucht es auch ein bisschen Zeit, bis es den gleichen Effekt hat. Das liegt daran, wie sehr Du Günni schon runtergemacht hast. Eventuell musst Du auch erst mal wieder ein bisschen Vertrauen aufbauen, dass er Dir das glaubt, wenn Du ein Lob aussprichst. Es muss unbedingt glaubhaft rüberkommen. Wieder mal bestimmt nicht einfach, aber simpel. Beginne, Dich wertzuschätzen, und sei überzeugt davon, dass Du es wert bist, denn DU BIST ES! Was auch immer es ist. Jeder Mensch hat es verdient, glücklich zu sein und Liebe und Freude zu empfinden. Angefangen bei sich selbst und von sich selbst.

That's life!

Jetzt bin ich langsam am Ende dieses Buches angelangt, und ich möchte noch mal auf das Thema „Simpel aber nicht einfach“ eingehen. Alleine die Tatsache, dass Du bis hierher gelesen hast, zeigt schon Deinen Willen, an Dir selber zu arbeiten und Dich weiterzuentwickeln. Oft genug habe ich erwähnt, dass es nicht einfach sein wird, und leider ist das so. Es gibt nicht die ultimative Antwort oder Pille, nach der dann plötzlich alles gut ist. Leider sind das Leben und unser Geist nun mal nicht so gepolt. Es geht immer nur Schritt für Schritt voran, und man muss durchhalten.

Wie hat mein Meister mal so schön gesagt: „Die beste Methode, einen Sack Kartoffeln zu schälen ist: Eine nach der anderen.“ Bei diesem Veränderungsprozess ist es nicht anders, nur das Dir die Kartoffeln leider niemals ausgehen werden. Im Garten wird immer etwas zu tun sein, genauso wie in der realen Welt. Niemals aufgeben, niemals ergeben ist die Parole. Und wie Frank Sinatra mal so schön gesungen hat: „Wann immer ich mich selber flach auf meinem Gesicht wieder finde, sammle ich mich wieder auf und gehe zurück ins Rennen! Das ist das Leben, That’s life!“

Hab Geduld und ein wenig Ehrgeiz. Arbeite an einem Thema zu Zeit und versuche, nicht alles auf einmal zu erreichen. Hierbei gilt nämlich auch: Der Weg ist das Ziel. Alleine der Prozess des Dich mit Dir selber bewusst beschäftigen lässt Dich bereits wachsen. Alleine dadurch lernst Du Dich besser kennen und kannst damit auch schon besser Einfluss nehmen. Alles, was ich zuvor gesagt habe, sind meine persönlichen Ansichten und Erkenntnisse. Es ist keinesfalls gesagt, dass diese 1:1 auch für Dich taugen oder anwendbar sind. Aber solange Du auch nur einen Impuls zur Änderung oder eine Erkenntnis, wie Du in Zukunft etwas leichter oder besser durch Dein Leben gehen kannst, aus diesem Buch ziehen konntest, habe ich erreicht, was ich wollte: dass es Dir besser geht.

Das meine ich aufrichtig und ehrlich genau so. Meine Intention und der Grund, das hier aufzuschreiben, ist einzig und allein, dass es Dir, lieber Leser, besser geht, denn ich glaube daran, dass Du es wert bist und es verdient hast! Du sollst leichter und beschwingter und vor allem glücklicher durch Dein Leben gehen. Es ist zu kurz, um es mit Ärger, Groll und negativen Gefühlen oder womöglich Gemecker und Gejammer zu verschwenden. Glaube an Dich, glaube, dass Du es wert bist, glücklich zu sein, und gib niemals auf! Ich bin in Gedanken immer bei Dir.

Zusammenfassung

Um Dir zu helfen, das Gelesene mit Hilfe von Wiederholungen zu vertiefen, hier ein Extrakt aus den Kapiteln mit den aus meiner Sicht wichtigsten Themen.

Dein Unterbewusstsein

Es steuert und kontrolliert zu großen Teilen Dein Leben. Also beachte immer die Regeln im Umgang damit:

1. Es ist immer AN. Günni schläft nie!
2. Es nimmt ALLES auf, was Du hörst und sagst.
3. Es kann mit NEIN und NICHT nichts anfangen.
4. Es kennt nur die Gegenwart. Keine Zukunft oder Vergangenheit.
5. Dort sind Deine Gewohnheiten verankert, und diese kontrollieren zu 95% Dein Leben.
6. Es kennt den Unterschied zwischen Realität und Fiktion nicht.
7. Wiederholungen sind der Schlüssel.

Gehirnwäsche

1. Lese jeden Tag, was Du Dir aufgeschrieben hast, wie Dein Leben sein soll. Stelle Dir vor, wie es sich anfühlt.
2. Achte darauf, was Du Dir im Fernsehen ansiehst, und vermeide schlechte Nachrichten, an denen Du sowieso nichts ändern kannst.
3. Sage Dir so oft wie möglich Dein „Mantra“ auf.
4. Optional kannst Du Dein Mantra auch, während Du schläfst, von einer Aufnahme vorspielen.
5. Sprich mit Deinen Liebsten und Freunden über Deine Ziele und Träume. Und zwar so, als ob es wahr wäre.
6. Wiederholung ist der Schlüssel.

Säen und ernten

ALLES, was Du säst, wird auch Früchte tragen, solange Du es nicht entfernst. Positives wie Negatives. Pass auf, was Du säst, und halte das Unkraut aus Deinem Garten fern.

Geisteskrankheiten

1. Sei nicht zu vorsichtig. Ergreife jede Gelegenheit zu wachsen.
2. Sei kein Pessimist, sonst verpasst Du zu viele Gelegenheiten.
3. JAMMER NICHT! BESCHWER DICH NICHT!

Alles ist Positiv

Hab immer Aufkleber mit der Aufschrift „POSITIV“ zur Hand. Allen Situationen lässt sich was Gutes abgewinnen, und es wird immer etwas Gutes entstehen.

Wiederholungen

Wiederholungen sind der Schlüssel. Aus Wiederholungen werden Gewohnheiten. Aus Gewohnheiten wird Glaube. Wiederhole immer wieder, was Du in Deinem Leben haben willst, also hast.

Wähle Deine Worte mit Bedacht

Sprich bewusst und achte darauf, dass Du nicht zu viele negative Worte verwendest. Versuche, wann immer möglich positive Worte in Deinen alltäglichen Unterhaltungen zu verwenden.

Dankbarkeit

Sei zwischendurch dankbar für das, was Du schon hast und bist. Schätze auch die kleinen Dinge. Mach Dir bewusst, was Du alles für selbstverständlich nimmst.

Einschlafen

Deine letzten Gedanken am Tag sollten unbedingt positiver Natur sein. Gebe Dich nicht den negativen Gedanken des Tages hin.

Aufwachen

Die 6 Gedanken für einen positiven Start in den Tag:

1. Empfinde Liebe und Mitgefühl für Deine Welt und die Wesen darin.
2. Sei dankbar für die Dinge in Deinem persönlichen Leben. Sei dankbar für die Dinge in Deinem Berufsleben. Sei dankbar Dir selber gegenüber.
3. Übe Dich in Vergebung.
4. Stelle Dir den perfekten Tag vor und male Dir ein paar Situationen aus, wie diese perfekt laufen und Dir ein gutes Gefühl geben.
5. Träume Dich in Dein Wunschleben. Male es Dir aus und stelle Dir das Gefühl vor. Empfinde es als Realität.
6. Denk daran, dass Du nicht allein bist. Du hast Unterstützung bei allem, was Du tust.

Mächtige Worte

Die Worte „Ich bin“ sollten immer bewusst eingesetzt werden. Das, was Du denkst, das wirst Du.

Das Fundament

Deine Philosophie soll positiv sein. Beschäftige Dich mit positiven Dingen. Mache es Dir zur Aufgabe, Positivität zu verbreiten und immer an Dir selber zu arbeiten.
Sei ein Macher. Habe eine Attitüde des Anpackens. Disziplin bei allem, was Du tust, ist die Grundvoraussetzung. Nur wer durchhält, kommt auch an.

Vergebung

Vergib ihnen, denn sie wissen nicht, was sie tun.
Übe Dich in Vergebung, wann immer möglich. Unter Deinem Groll leidest NUR Du selber. Es ist Ballast auf Deinem Weg in ein glückliches Leben.

Verständnis

Versetze Dich in die anderen und übe Dich in Verständnis. Akzeptiere die Dinge und Menschen (also alle außer Dir), die Du nicht ändern kannst.

Wünsche werden wahr

Dazu musst Du aber bei der Sache bleiben. Ändere nicht ständig Deine Ziele. Du verschwendest sonst wertvolle Zeit und Energie. Investiere lieber mehr Zeit in das Finden Deiner Ziele. Akzeptiere, dass etwas wächst, und mach Dir nicht so viele Gedanken über das „wie“ und „woher“. Das führt nur zu Zweifeln.

Aufrecht durchs Leben

Strecke Dich und gehe gerade durch Dein Leben. Gehe bewusst, wann immer möglich, und erinnere Dich daran, die Schultern zurück zu nehmen.

Schätze Dich selber

Beschäftige Dich auch bewusst mir Dir selber. Liebe Dich selber und glaube an Dich. Du bist es wert!

Gesammelte Zitate

Hier findest Du zum einen noch mal gesammelt alle Zitate aus dem Buch und dazu noch ein paar mehr, in der Hoffnung, dass sie Dich inspirieren.

„Wenn Du Dein Unterbewusstsein nicht führst, tut es jemand anders für Dich!“
- Florence Scovel Shinn -

„Wer immer die Medien kontrolliert, kontrolliert den Verstand!“
- Jim Morrison -

„Ob Du nun denkst, Du kannst es oder Du kannst es nicht, DU HAST RECHT!“
- Henry Ford -

„Jeder, der sich ernsthaft mit der Wissenschaft beschäftigt, gelangt zu der Überzeugung, dass sich in den Gesetzen des Universums ein Geist manifestiert - ein Geist, der dem des Menschen weit überlegen ist."

- Albert Einstein -

„Das Spiel des Lebens ist das Spiel der Bumerange. Unsere Gedanken, Taten und Worte kommen früher oder später zu uns zurück, und zwar mit erstaunlicher Akkuranz."

- Florence Scovel Shinn -

„Ein Pessimist sieht in jeder Gelegenheit die Schwierigkeit;
ein Optimist sieht in jeder Schwierigkeit eine Gelegenheit."

- Winston Churchill -

„Veränderung wird nicht kommen, wenn wir auf jemanden warten oder wir auf den richtigen Zeitpunkt warten. Wir selbst sind diejenigen, auf die wir warten. Wir sind die Veränderung, nach der wir suchen."

- Barrack Obama -

„Die beste Methode, einen Sack Kartoffeln zu schälen ist: Eine nach der anderen."
- Roland Frassek -

„Erfolg ist die Fähigkeit, von einem Fehlschlag zum nächsten zu gehen, ohne dabei seinen Enthusiasmus zu verlieren."
- Winston Churchill -

„Der Langsamste, der sein Ziel nicht aus den Augen verliert, geht immer noch schneller als der, der ohne Ziel herumirrt"
- - Gotthold Ephraim Lessing -

„Unsere größte Schwäche liegt im Aufgeben. Der sicherste Erfolg ist immer, es noch einmal zu versuchen."
- Thomas Alva Edison -

„Mut steht am Anfang des Handelns, Glück am Ende."
- Demokrit -

„Glück ist kein Geschenk der Götter, sondern die Frucht innerer Einstellung.“

- Erich Fromm -

„Nehmen Sie die Menschen, wie sie sind, andere gibt es nicht.“

- Konrad Adenauer -

„Es wäre dumm, sich über die Welt zu ärgern. Sie kümmert sich nicht darum.“

- Marcus Aurelius -

Widmung

Ich widme dieses Buch all den großartigen Menschen, die ich bisher auf meinem Lebensweg getroffen habe.

Allen voran meiner wundervollen Frau. Danke für all die Liebe, Geduld und Rücksicht mit mir! Dank auch an meine geliebten Kinder, einfach nur dafür, dass sie da sind und mir jeden Tag aufs Neue nur durch ihr Lächeln Kraft schenken.

Dank an meine Mama, die immer an mich glaubt!

Mein bester Freund Z. Danke, dass Du immer für mich da warst und mir durch die schwerste Zeit meines Lebens geholfen hast. Ohne Dich wäre ich nicht mehr hier.

Dank auch an meine liebe Freundin Paola. Du hast mir den Weg gezeigt.

Peter, ich danke Dir für alles, was ich von Dir lernen durfte. Akzeptanz ist der Schlüssel!

Danke an alle, die mir zugehört haben, mir Lachen geschenkt haben, und besonders an diejenigen, an denen ich wachsen durfte.

Printed in Poland
by Amazon Fulfillment
Poland Sp. z o.o., Wrocław

50657449R00068